历史的丰碑丛书

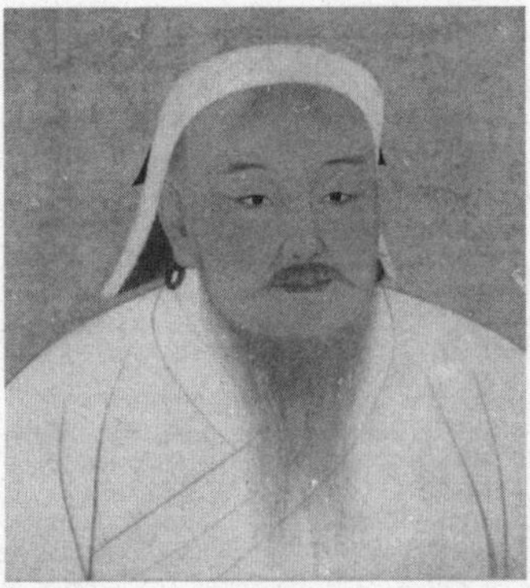

政治家卷

一代天骄
成吉思汗

娄树明　编著

吉林人民出版社

图书在版编目(CIP)数据

一代天骄——成吉思汗 / 娄树明编著. -- 长春：
吉林人民出版社, 2011.4（2025.4 重印）
（历史的丰碑丛书）
ISBN 978-7-206-07584-1

Ⅰ.①一… Ⅱ.①娄… Ⅲ.①成吉思汗（1162～
1227）—生平事迹—青年读物②成吉思汗（1162～1227）—
生平事迹—少年读物 Ⅳ.① K827=47

中国版本图书馆 CIP 数据核字（2011）第 039410 号

一代天骄 成吉思汗
YIDAI TIANJIAO CHENGJISIHAN

编　　著：娄树明
责任编辑：葛　琳　　　　封面设计：孙浩瀚
制　　作：吉林人民出版社图文设计印务中心
吉林人民出版社出版 发行（长春市人民大街7548号　邮政编码：130022）
印　刷：北京一鑫印务有限责任公司
开　本：787mm×1092mm　　1/16
印　张：8　　　　　　　字　数：72千字
标准书号：ISBN 978-7-206-07584-1
版　次：2011年4月第1版　　印　次：2025年4月第3次印刷
定　价：35.00元

如发现印装质量问题，影响阅读，请与出版社联系调换。

编者的话

"欲知大道,必先为史"。

回溯人类的足迹,人们首先看到的总是那些在其各自背景和时点上标志着社会高度和进步里程的伟大人物。他们是历史的丰碑,是后世之鉴。

黑格尔说:"无疑,一个时代的杰出个人是特性,一般说来,就反映了这个时代的总的精神。"普希金说:"跟随伟大人物的思想是一门引人入胜的科学。"

以史为鉴,面向未来。作为21世纪的继往开来者,我们觉得,在知史基础上具有宽广的知识结构、开阔的胸襟和敏锐的洞察力应是首要的素质要求,而在历史的大背景

◆ 历史的丰碑丛书

中追寻丰碑人物的思想、风范和足迹，应是知史的捷径。

考虑到现代人时间的宝贵，我们期盼以尽量精短的篇幅容纳尽量丰富的信息，展现尽量宏大的历史画卷和历史规律。为此，我们编撰了这套丛书。

编撰丛书的过程，也是纵览历代风云、伴随伟人心路、吸收历史营养的过程。沉心于书页，我们随处感受着各历史时期伟大人物所体现的推动历史进步的人类征服力量。我们随着伟人命运及事业的坎坷与辉煌而悲喜，为他们思想的深邃精湛、行为的大气脱俗而会意感慨、拍案叫绝。

然而，在思想开始远游和精神获得享受的同时，我们也随之感受到历史脚步的沉重

编者的话 ◆

和历史过程的曲折。社会每前进一步都是艰难的，都伴随着巨大的痛苦和付出。历史的伟大在于它最终走向进步，最终在血污中诞生了鲜活的"婴孩"。

历史有继承性和局限性，不能凭空创造。伟人也有血肉，他们的思想、行为因此注定了同样具有历史的局限性和阶级的、时代的烙印；他们的功业建立于千千万万广大人民群众伟大创造的基础上。历史是人民群众创造的，伟大的人物们是历史和时代造就的。同时，我们也无法否定此间他们个人的努力。这也正是我们编撰这套丛书的目的。

我们期盼着这套丛书得到社会的认同，对读者，特别是青少年读者之历史感、成就感和使命感的培养有所裨益。史海浩瀚，群

◆ 历史的丰碑丛书

星璀璨。我们以对广大青少年读者负责的精神，精心遴选，以助力青少年成长进步，集结出版了《历史的丰碑》系列丛书，敬请读者批评、指正。

历史的丰碑丛书

编 委 会

策　划：胡维革　吴铁光
　　　　林　巍　冯子龙
主　编：胡维革　邢万生
副主编：贾淑文　谷艳秋
编　委：（按姓氏笔画为序）
　　　　于二辉　刘士琳
　　　　刘文辉　孙建军
　　　　李艳萍　吴兰萍
　　　　杨九屹　隋　军

13世纪，成吉思汗率领勇猛强悍的蒙古大军，扫荡了东自黄海，西至多瑙河的广大地域。

他的鞍马生涯虽然使无数生灵涂炭，许多社稷被毁，但是也创立了不朽的功绩。他结束了蒙古部落长期相互争伐的战乱，建立了蒙古历史上第一个军事奴隶制国家；他打通各国交通，使亚欧众多民族和国家增进了经济往来与文化交流，促进了民族大融和；他让畏兀学者以畏兀字母为基础创造了蒙古文字；他把汉族、回族、契丹等民族的先进手工技艺和冶铁、建筑、火药等制造技术，以及汉族政治制度、生活方式、文化等引入蒙古，促进了蒙古的经济文化发展和军事上的强大，为元朝的统一奠定了基础。所以，成吉思汗不失为一位杰出的英雄和政治家，不愧为世界历史长河中的一代英杰。

目 录

自古英雄出少年 ◎ 001

草原雄鹰任高飞 ◎ 015

铁手高悬霸主鞭 ◎ 029

鹰嘴也应善啄木 ◎ 044

跑马圈地证西夏 ◎ 057

鏖战中原振雄风 ◎ 070

铁蹄踏破中亚圈 ◎ 085

射雕英雄梦正圆 ◎ 102

历史的丰碑丛书

一代天骄　成吉思汗

自古英雄出少年

> 野蛮残酷的追杀,埋下仇恨的种子;
> 凶猛翱翔的大雕,引出英雄的誓言。
> ——作者题记

公元10世纪,从大兴安岭的密林里迁徙到鄂嫩河畔的孛儿只斤氏族成长壮大起来。他们分衍成许多小部落,游牧在鄂嫩河、克鲁伦河和土拉河源头的大肯特山地区。

12世纪中叶,在鄂嫩河畔一个水草肥美的地方,孛儿只斤氏族第九代,乞颜氏首领也速该威名大威,他被推举为由泰赤乌氏、乞颜氏等几十个氏族组成的蒙古部的军事首领。

他英勇无比,能骑善射,四面八方大小部落都惧怕他,又十分敬慕他,称他为也速该把阿秃儿(把阿秃儿意为"勇士")。

一天,也速该正在操练本部落人马,突然远方一阵沙土飞扬,一匹快马冲到他的近前。原来是克烈部的首领脱斡邻勒汗。他跳下马来,拜倒在也速该脚下。

政治家卷　001

也速该慌忙把他扶起。脱斡邻勒汗向也速该哭述本部落被他叔叔古儿汗夺去的经过，请也速该帮助他夺回部落。也速该答应了他的请求，立即点了本部落的人马同脱斡邻勒汗一同出发。经过一场激战，古儿汗被打败逃往西夏，为脱斡邻勒汗夺回了部落。就在也速该率领本部人马胜利返回的途中，蒙古部一人飞马来报：塔塔尔部人趁也速该率部外出征战之机骚扰蒙古部，掳去了大批牲畜和妇女儿童。也速该闻报大怒，马上率人马直奔塔塔尔部。

也速该率人马离开蒙古部已经1个月有余，此时的蒙古部落平静无事。

也速该的妻子诃额仑同几个侍女信步来到鄂嫩河

鄂嫩河，古时的蒙古塔塔尔部、蒙古乞颜部在这里放牧。

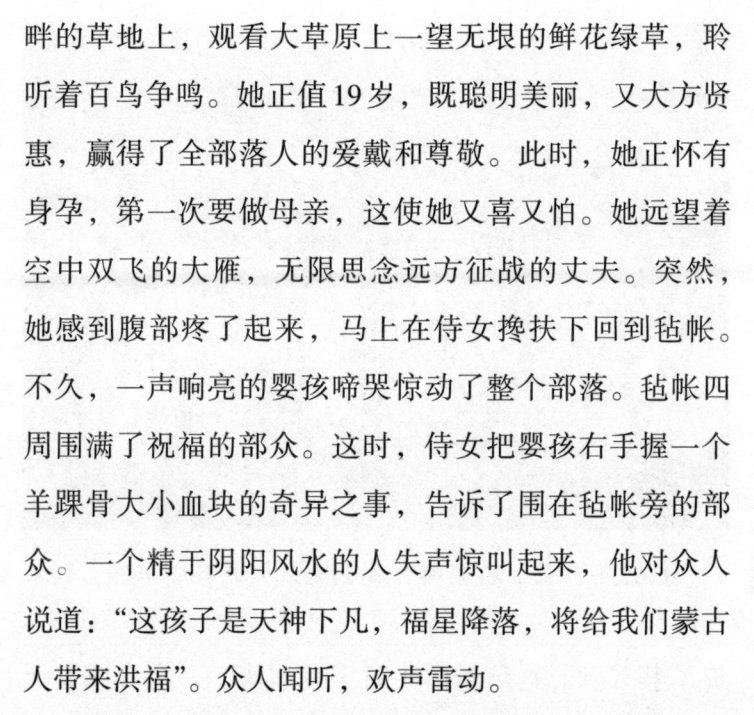

畔的草地上，观看大草原上一望无垠的鲜花绿草，聆听着百鸟争鸣。她正值19岁，既聪明美丽，又大方贤惠，赢得了全部落人的爱戴和尊敬。此时，她正怀有身孕，第一次要做母亲，这使她又喜又怕。她远望着空中双飞的大雁，无限思念远方征战的丈夫。突然，她感到腹部疼了起来，马上在侍女搀扶下回到毡帐。不久，一声响亮的婴孩啼哭惊动了整个部落。毡帐四周围满了祝福的部众。这时，侍女把婴孩右手握一个羊踝骨大小血块的奇异之事，告诉了围在毡帐旁的部众。一个精于阴阳风水的人失声惊叫起来，他对众人说道："这孩子是天神下凡，福星降落，将给我们蒙古人带来洪福"。众人闻听，欢声雷动。

此时，正是公元1162年4月16日午时。据说，这时肯特山上出现了数道白光，经久不消。这白光连南宋、金、辽、夏诸国人都看见了，各国观测天文的官员纷纷向朝廷报告，说北部天空出现了"真龙天子降世的白光"。

正当全部落人为首领贵子过弥月的时候，也速该率领得胜之师回到蒙古部。

他仔细观看自己的儿子，只见他二目闪光，头大脸方，肌肤红润，也速该满心欢喜。他大声说道："就在这孩子降生的时候，我们打败了强敌塔塔尔部，活

1162年，蒙古乞颜部首领也速该大败塔塔尔部，铁木真出生。

捉了其首领。这孩子出生时手握血块，一定会威震天下"。说完，他就用捉来的塔塔尔首领铁木真兀格的名字，给孩子起名叫铁木真。

漠北风沙的洗礼和鄂嫩河水的滋润，使铁木真转眼间离开了乌鲁盖（抚养幼儿的口袋）。小铁木真6岁了，他迎着草原的烈日在沙滩草丛中嬉戏玩耍。幼年的铁木真就有一种刚健威武的气质和坚毅倔强的性格。他常常不听侍从的劝告，在突如其来的草原大风暴中直立，任凭风暴肆虐岿然不动，他要让大风暴向他低头。他最喜欢的就是骑马。他常常偷偷骑马飞奔在大草原上，害得侍从经常挨也速该的鞭子。

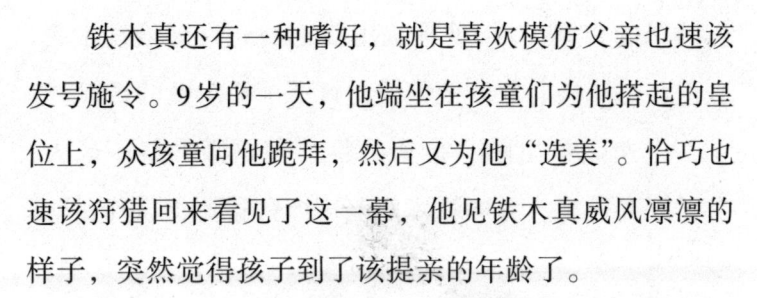

铁木真还有一种嗜好，就是喜欢模仿父亲也速该发号施令。9岁的一天，他端坐在孩童们为他搭起的皇位上，众孩童向他跪拜，然后又为他"选美"。恰巧也速该狩猎回来看见了这一幕，他见铁木真威风凛凛的样子，突然觉得孩子到了该提亲的年龄了。

此时，正是1170年，也速该选择了一个吉日，带上几十名随员，让铁木真骑在马上，一起向诃额仑夫人的家乡弘吉剌部进发，准备去铁木真的舅舅家为他选择一个合适的配偶。他们行了几日。

这一天，他们来到了扯克彻儿、赤忽儿古两山中间（科尔沁草原）时，遇到了弘吉剌部的德薛禅。也速该所在的蒙古部的乞颜氏族与弘吉剌部世通婚姻。

德薛禅把也速该和铁木真让到了自己的毡帐中，并拿出羊肉和奶酪款待。也速该见有一个姑娘立在德薛禅身边，亭亭玉立的身材，乌黑发亮的秀发，闪亮含笑的眼睛，十分惹人喜爱。在谈话中得知她的名字叫孛儿帖，当时10岁。当也速该说出准备为儿子提亲的事时。德薛禅仔细打量起铁木真来。他见铁木真鼻直口方，浓眉大眼，膀阔腰圆，十分威武，心里非常喜欢。就有心把女儿许配给铁木真。他对铁木真说："昨夜我梦见一只海东青（鹰）带着太阳和月亮落在我的手掌上。今天，你们父子就来到这里，这必是你们乞颜氏的吉兆。"接着他提出要把女儿许配给铁木真。这正合也速该心意。他们就此订下了铁木真的婚事。

也速该拿出随身带来的整羊和奶酒,祭了灶火,交了双九彩礼,并叫铁木真当即叩拜德薛禅认作岳父。

← 蒙古骑兵

定亲后，德薛禅大摆宴席，招待也速该和随行人员，酒一直喝至第二天早上，也速该才辞别德薛禅离开洪格尔特部回归本部落。按照民族习俗，定亲的女婿要留在岳丈家住几日，也速该留下了铁木真。

也速该在返回部落的路上出了事。他遇上塔塔尔部落的人，他们认出这是攻伐他们部落并擒走他们首领的也速该。于是，这些塔塔尔部人假意把他请进毡帐内设宴款待，却暗中在酒里下了毒。也速该在返回部落后，觉得肚子疼痛难忍，接着口吐鲜血不止。这时，他才发觉上了塔塔尔人的当了。他立即差人去弘吉剌部火速叫回儿子铁木真，但他没有等到铁木真赶回，就毒气攻心气绝身亡。他临死前大叫塔塔尔的名字，要铁木真为他报仇。

也速该死时他的长妻诃额仑有四子一女，长子铁木真9岁，次子拙赤合撒儿7岁，三子合赤温额勒赤5岁，四子帖木格斡赤斤3岁，女儿帖木仑1岁。别妻有两子，别克帖儿和别勒古台。

也速该生前统管的蒙古部中的各氏族，见也速该死了，他们不能指望这群孤儿寡母带领他们攻伐征战。几个月后，泰赤乌部首领塔儿忽台乞邻秃黑抛弃了铁木真母子，率领泰赤乌部顺鄂嫩河走了，乞颜部的部众和其他姓氏的部众有的跟泰赤乌部一道走了，有的

去依附其他部落。现在仅剩下蒙力克一家和几个仆人跟随着铁木真母子。最后连蒙力克也与他们走散了。以前尽是吃羊肉喝马乳的铁木真，开始靠母亲采野菜、摘野果、捉老鼠充饥了。他望着眼前发生的一切，心中充满了悲愤，决心为父亲报仇，并重振部落，为此他更加刻苦地习练武艺。他常常带上父亲的弓箭到密林里打些野味回来，承担起了养活弟弟妹妹的担子。几年过去了，他的武艺大有长进，他能拉开强弓并百发百中，家中的食物多半是他射杀的猎物。他力大无比，常常和一些野兽空手搏斗。他在发威时瞪圆丹凤眼，大喝一声如晴天霹雳，连最凶猛的豹子也不放在眼里。他重新竖起蒙古部的旌旗，跨上烈马，到处去

← 也速该被塔塔尔人投毒致死

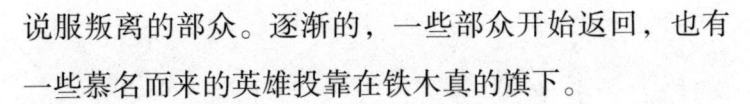

说服叛离的部众。逐渐的，一些部众开始返回，也有一些慕名而来的英雄投靠在铁木真的旗下。

泰赤乌部的塔儿忽台得知铁木真长大成人，心里十分害怕。他惧怕铁木真羽翼丰满后来报被夺走部众之仇，便率领部众对铁木真部落发动了突然袭击。铁木真母子来不及组织队伍迎敌，赶紧躲到了树林中。

不久，泰赤乌部的人就搜到了林子里。铁木真为了掩护母亲和弟妹们故意打马跑了出来。泰赤乌部人主要目的是抓铁木真，所以一齐向铁木真追来，铁木真跑进了帖儿古担·温都儿山林中。泰赤乌部人紧追不舍，他们在深山密林中搜索了三天三夜。没有搜到铁木真，又在林外扎营围剿。铁木真在密林里与搜索兵士周旋，渴了喝点泉水，饿了胡乱采点野果充饥。有时睡在树杈上，有时宿在山洞里。第4天夜里，他见敌兵退出，刚要走出山林，却发现四处都是敌兵，就又回转深山。第6天他见林外敌兵退去，但他恐有伏兵又在林中躲藏三天三夜。他怕燃火引起敌兵的注意，就生吃一些被他捕捉到的猎物。第10天的早晨，他觉得很安全了，就放心地走出山林。可是，他刚一走出山林，隐藏在林子周围的敌兵一拥而上。他大吼一声用拳脚打伤数人，但终因寡不敌众，被泰赤乌部人捉住。

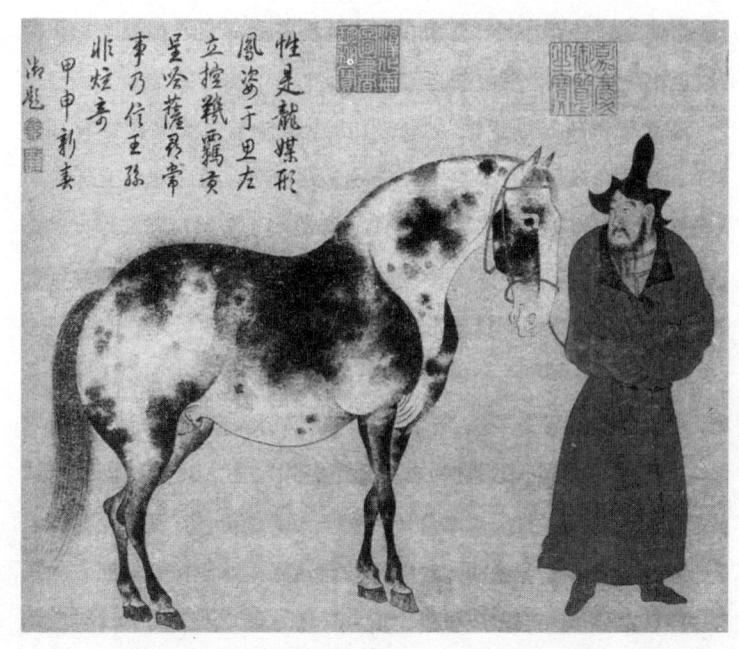

←元代男子胡服图像（赵雍）

铁木真被带到塔儿忽台乞邻秃黑的大帐。他立而不跪，大骂不止。塔儿忽台乞邻秃黑见铁木真这样幼小就全然不把自己放在眼里，不由得怒火直往上冲。他命人给铁木真戴上最沉重的木枷和脚镣，严加看管起来。他想要慢慢把铁木真折磨至死。然后，他摆下酒宴，庆祝胜利。

押解铁木真的士兵对他百般辱骂，鞭棍相加。铁木真强压满腔怒火。几个兵士骂得口干舌燥，打得筋疲力尽，他们见铁木真年龄尚小，又关在木笼内戴着重枷和脚镣，量他插翅也难逃。于是只留下一人看守，其余都跑去喝酒。铁木真假装睡着的样子，暗暗地寻

一代天骄 **成吉思汗**

找逃出的机会。那个看押士兵半天不见有人来换他，就也去找酒喝。铁木真见四处无人，用力撞开木笼，把大枷劈作两半，砸开脚镣，然后趁着夜色悄悄地向部落外逃去。

铁木真刚一逃出部落，就被人发觉，几百名泰赤乌部人骑马追了上来，眼看追兵越来越近，铁木真见眼前有一水塘，就赶紧跳进水里躲了起来。此时正有一人向水塘边走来，他就是泰赤乌部的锁儿罕失剌。他十分憎恨塔儿忽台乞邻秃黑，不满他们抛弃和追杀孤儿寡母的做法，并佩服铁木真。追兵很快来到水塘边。锁儿罕失剌灵机一动，手指远方把追兵引开。追兵过后，锁儿罕失剌忙过来拉起铁木真，告诉铁木真赶快逃离。铁木真谢过锁儿罕失剌，向远处飞奔而去。

→阿勒泰山，乃蛮部的主要聚居地。

天渐渐放亮,铁木真面前出现了一个小村落,他定睛仔细一看,发觉走错了路。此时,后面一阵尘土飞扬,远远望去一队人马正向这里奔来。要跑已经来不及了,只有在小村落里躲避一下。他敲开了一个毡帐的门,开门人见了他大吃一惊。原来此人正是锁儿罕失剌,他连忙把铁木真藏进门口的羊毛堆里。不一会,几百名兵士赶到,他们又开始仔细搜寻起来,他们帐前帐后、帐内帐外翻了个遍,最后门口的羊毛堆引起了他们的注意。

锁儿罕失剌急中生智,他顺手拿起一根长棍向羊毛堆捅了几下,边捅边说:"这么闷热天气,藏在羊毛里早就给闷死了。"兵士们听了这话,再看看羊毛堆,觉得也有道理,就很快离开这里,又去搜寻其他毡帐了。

兵士们一离开这里,锁儿罕失剌忙把铁木真让进毡帐。他把儿子沈白和赤老温及女儿合答安引见给铁木真,父子四人让铁木真饱食一顿后,又照顾他休息。他们见铁木真威风凛凛,气质非凡,想他以后定能成大器。当晚,锁儿罕失剌备了匹快马和羊肉、马乳,把铁木真送走。

一连几日,铁木真与沈白·赤剌渴在大漠中急奔。这一日,晴空万里,他们找到一个水草茂盛的地方歇

一代天骄　**成吉思汗**

　　色楞格河被称为伊德尔河，流经蒙古北部，注入俄罗斯贝加尔湖。是叶尼塞河—安加拉河的源头之一。

息。铁木真抬头望去，见一只大雕正展开双翅在空中翱翔。一会儿，低空盘旋，一会儿直冲云霄。猛然，他想起父亲让人毒死，母子遭人遗弃，自己到处遭人追杀，东躲西藏，不禁感慨万千。他凝视大雕握紧拳头，暗暗发誓："我铁木真要成为草原大漠上的大雕，要主宰世间的一切！"

　　少年时代的磨难和艰辛困苦的生活，铸就了铁木真"英勇果决、有度量、能容众、敬天地、重信义"的特殊性格，为他能在以后群雄纷争之中立于不败之地而成为一代天骄，打下了坚实的基础。

元太祖铁木真像

草原雄鹰任高飞

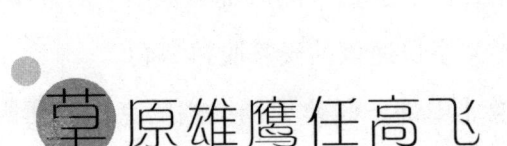

> 大鹏展翅前,须先把身躯伏在地下,
> 然后一跃冲天而起,会飞得更高更远。
> ——作者题记

在一个阳光灿烂的早晨,铁木真回到了自己的部落,弟妹和部众们奔出毡帐大声欢呼。诃额仑一颗悬着的心,也放了下来。

在这不久,泰赤乌部的游骑又来攻掠,他们把铁木真部落的马匹赶走了。铁木真在追击敌人的途中与一个青年相遇。当那个青年得知站在眼前的就是也速该的儿子,只身从泰赤乌人那儿逃出来的铁木真时,十分欢喜。他决定跟随铁木真,做他的"那可儿"(即伴当)。他就是后来蒙古国威震敌胆的"四杰"之一博儿术。

铁木真同博儿术联手夺回了被掠去的马匹后,一起回到了部落。

漠北部落与部落之间的战争,就像大漠中的风暴一样,忽然而来,转眼即去,往往事先没有一点征兆,令人防不胜防。铁木真感到自己势单力薄,靠眼前的兵力很难在漠北立足,随时都有被消灭的危险。此时,他想起了父亲也速该的安答脱斡邻勒。

在漠北中部,脱斡邻勒统辖的克烈部征服了邻近所有小部落而后称汗,成为大漠上最强大的部落之一。因为也速该同脱斡邻勒汗有过深交,他曾经帮助过脱斡邻勒汗夺回部落,铁木真经常去那里观看大汗指挥操练。脱斡邻勒汗十分赏识铁木真的勇猛顽强。

铁木真为使部落强大,专心操练人马。可是,诃额仑在为儿子的婚姻大事着急。她同众人商议说:"也速该在世的时候同弘吉剌部为铁木真定下了婚约,现在该去娶亲了。"众人都表示赞同。

铁木真在弟弟别勒古台的陪同下去弘吉剌部完婚。

←三河马,中国名马。

几经磨难的铁木真终于来到了未婚妻家中,孛儿帖舒展开了紧锁的双眉,露出了开心的笑容。

他们按照当时蒙古族的习俗在女方家完婚。婚后德薛禅一家把他们送出家门。

几日后,他们回到了部落。只见部落里一片喜气洋洋,到处张灯结彩,宾客满帐。众人簇拥着铁木真和孛儿帖夫人,来到装饰得五彩缤纷的大帐前。

众人焚香祭拜天地,新人给天神叩头,叩拜诃额仑夫人,然后相互敬酒。众亲家以酒祭祀天神、门神、火神。胡琴、马头琴、横笛、箫管一齐鸣奏。侍女穿梭往来,九九大宴上杯盏辉映。整个蒙古部部众欢天喜地,酒宴摆了九天九夜才散。

婚后不久,孛儿帖夫人怀孕了。铁木真和全部落的人都非常高兴。他们相信这是部落兴旺的预兆。可是,就在全部落人

→ 孛儿帖像

铁木真18岁时，前往弘吉剌部与孛儿帖结婚。德薛惮夫妇率众护送铁木真、孛儿帖回蒙古草原。

沉浸在欢喜之中的时候，灾难却突如其来地降临了。

一天，正当铁木真在克烈部与几位首领比刀练枪的时候，蔑儿乞部的人马突然袭击了蒙古部。他们掠走了羊和马匹、妇女孩童，还把铁木真的妻子孛儿帖也掠去。原来，蔑儿乞部的老首领去世，被推选为新首领的脱黑脱阿与也速该结过仇。他的妻子在当年蔑儿乞部与蒙古部大战时被也速该掠去，他一直耿耿于怀，要报此大仇。他当选为新首领的第一件事，就是突袭蒙古部落。

铁木真闻听这一消息后，怒气冲天，他瞪圆丹凤眼大吼一声，手中的钢枪竟穿透了碗口粗的树干，惊得众首领目瞪口呆。脱斡邻勒汗当即点齐1万人马和3

个首领，一并借给铁木真。铁木真立即跨上战马，率领大军直奔蔑儿乞部落。

　　脱黑脱阿早有准备，他率本部人马在勃儿塔山附近迎住铁木真。脱黑脱阿手提大斧站在大旗下，两旁排列着10个首领。铁木真大骂脱黑脱阿，并要他立即将夫人和掠去的人众、羊和马匹等一并送还。脱黑脱

→ 蒙古骑兵勇猛善战

阿冷笑着说："你父曾仗人多势众欺辱我部，你刚刚脱胎的小儿也如此狂妄。看我教训教训你！"说罢，命首领丹骨朵剌来战铁木真。铁木真力大，只三两个回合，就把丹骨朵剌剌于马下。脱黑脱阿身旁又一酋长冲了上来，不到三两回合也死于铁木真枪下。众人大惊，再也不敢小看铁木真，于是8人一齐冲上来，这边3个首领也赶紧冲上前来，12人战在一处。双方擂鼓助威。这样厮杀了一天，双方都有伤亡，不分胜败。

就在太阳将要落山之际，突然远处烟尘翻滚，旌旗飞动，一大队人马向此处急奔而来。铁木真大惊，心里暗暗叫苦。转瞬之间，人马来到两军阵前。只见来军中一骑直奔铁木真而来。铁木真定睛一看，不禁大喜。原来此人是也速该的近侍蒙力克，他臂力过人，箭法出众，还颇有智慧。现在，他在扎答兰部做了一个部落的首领。他听说蔑儿乞人袭击铁木真，就请求札木合率1万大军前来助战。

当下，两军齐声呐喊，战鼓如雷，一齐向蔑儿乞部掩杀过去。蔑儿乞军大乱，脱黑脱阿在乱军之中正撞见铁木真，没来得及脱逃，被铁木真一枪挑于马下。众人见首领被杀，纷纷丢弃盔甲跪地投降。两支大军直杀到蔑儿乞部部落大营，救出孛儿帖夫人。

战斗结束后，两支大军连同蔑儿乞部投降的部众，

一代天骄　**成吉思汗**

在札木合与克烈部可汗脱斡邻勒汗的协助下，三部联军战胜了蔑儿乞人，铁木真夺回了孛儿帖。

一齐来到勃特部扎下大营。铁木真把自己的马匹和牛羊赏给各部首领，拿来酒肉犒赏军士。

在这次战斗中，蒙古部得到整个蔑儿乞部的部众和许多马匹牛羊，实力更加强大了。

自从对蔑儿乞人的战斗结束后，铁木真同札木合、蒙力克的来往更加密切了。他们经常相约狩猎或饮酒作乐。蒙古部以前离去的部众多数都投到扎答兰部。现在见蒙古部又强大起来，首领铁木真宽厚仁义，勇猛无比，而扎答兰部首领札木合贪婪残暴，手下部众又无纪律，贵族之间你争我夺。因此，许多蒙古旧部都有回归的心意。

由于蒙力克能谋善断，一些贵族首领纷纷找蒙力克拿主意。蒙力克见大家都不能忍受札木合的专横，就说："铁木真为人宽仁，大智大勇，将来定能成其大业，我们投到属下定能封赏赐官，创建功业。"大家闻听在理，就尽起本部人马和辎重，直奔蒙古部而来。

这一日，铁木真闻报大队人马直奔蒙古部而来，连忙披挂上马，带领部众迎了上去。

当大队人马来到近前，蒙力克说明来意后，铁木真大喜，马上设宴为前来投奔的众首领把盏接风，还把自己的马匹牛羊和衣物等，赏赐给他们。众人欢天喜地。扎答兰部中还有一些蒙古旧部，他们见铁木真不计前嫌如此宽仁，就竞相来投。铁木真见父亲的旧部都回到了自己的身边，十分高兴，他高声对众人说："大家都来投奔我，我不能让大家失望。只要我吃肉，大家就不会吃草，我喝酒，大家就不能喝水。"说完，就又把马匹牛羊分赐给归来的首领和众人。

诃额仑夫人见部落又恢复了也速该生前的旺盛景象，心里十分高兴，她也骑上烈马帮助儿子铁木真训练军队。

札木合见手下众多的人叛离了自己，十分恼怒。他想攻伐铁木真，但又找不到攻伐的借口。如果为了手下人的叛离而出师，这在漠北草原上会被人耻笑的。正苦于想讨伐铁木真又找不到借口时，他弟弟给察儿

一代天骄 成吉思汗

各部首领包括札木合的族兄豁儿赤先后投奔了铁木真，豁儿赤预言铁木真能成为国主。正是在这种情况下，铁木真被推举为蒙古乞颜部的可汗。

之死，使他找到了进兵的理由。原来给察儿抢走了铁木真部下拙赤答儿马剌的马群，拙赤答儿马剌在夺回马群时放箭射死了给察儿。虽然给察儿的死事出有因，但兄长为弟弟报仇也是天经地义。于是，札木合联合泰赤乌部共起3万大军，直奔蒙古部而来。

铁木真闻报，立即召集起了3万人马迎敌。这是铁木真统率蒙古部以来第一次正规战斗，也是规模最大的一次。这次战斗的成败，将直接影响蒙古部今后能否在漠北立足。诃额仑深感这次大战的重要，也跨上烈马同铁木真一同出战。

双方大军在答阑巴勒主惕相遇，各自安下营寨。铁木真把3万大军分成13队。13队的正中队伍前飘扬

政治家卷 023

着蒙古部的大旗,铁木真立马横枪站在旗下。其他各队与中队遥相呼应,分列两旁。札木合见状,也照此把扎答兰部的队伍分成13队,他自己居中。由于双方都是13队人马,当时称"队"为"翼",所以历史上称这次大战为"十三翼之战"。

双方各自摆好阵势,札木合打马来到阵前,他高叫让铁木真交出拙赤答儿马剌,声称要替弟弟报仇。

铁木真答道:"你弟给察儿掠我马群,实属该杀,望兄不要因此一人而伤和气,坏了大事。"

札木合大怒,命本队索勒洪斯与铁木真拼杀。铁木真旁边早闪出合撒儿。两人大战四五十回合,不分胜败。札木合要急于打败铁木真,一挥大旗,命13队人马一齐冲上厮杀。这13队人马,将对将、兵对兵地战在一起,喊杀声惊天动地。大战将近黄昏,铁木真两侧的12队人马渐渐招架不住,向后退去。这时,札木合的人马立即将铁木真和中队的人马团团围住。其他各队见首领被围马上大乱,纷纷败逃。铁木真见此情景,深知不能久战,马上带领中队突出重围。

扎答兰部大获全胜,许多叛离的贵族被押到札木合面前。

札木合一见这些贵族首领,胸中怒火直往上撞,他喝令刀斧手把他们推出去砍了。众首领苦苦哀求免

一代天骄　**成吉思汗**

札木合纠合塔塔尔、泰赤兀等部向帖木真发动进攻，双方发生十三翼之战。

去他们的死罪。原来在"十三翼"大战中，刚刚叛离的首领和士兵都曾和扎答兰部人朝夕相处，在战斗中不忍相互残杀，所以致使铁木真各队溃败。札木合手下人也不想看到昔日的同伴被杀。可是，此时札木合正在气头上，无人阻止得住。300多人的头就这样被割掉了，其中有50多位是贵族和首领。鲜血染红了大片的草地和河流。

扎答兰部的一些贵族十分不满札木合如此残暴的行为。原来，贵族在草原各部落中的地位十分高贵，他们都是世袭，有了死罪也可以赦免。他们见札木合这样对待贵族，一怒之下，在当天夜里就纷纷带领部众投奔了铁木真。

政治家卷　025

第二天一早，札木合见自己所带兵马仅剩1万多人了，只好带着剩下的人马返回部落。铁木真因祸得福，又收留了1万多兵士，他的力量更加强大了。

离开札木合而投奔铁木真的成千上万的部众中，有四十几位很有影响和能力的人物。他们来自二十七个氏族和部落，有名望的乞颜氏贵族有主儿乞氏的撒察别乞、泰出，忽图剌汗之子拙赤罕和阿勒坛，也速该的哥哥捏坤太师之子忽察儿别乞，也速该的弟弟答里台斡惕赤斤，这些人后来都成为大蒙古国开国功臣。能征战的有者勒蔑的弟弟速不台、巴鲁剌思氏的忽必来等。者勒蔑、速不台、忽必来和以后归顺的哲别是铁木真开国四员虎将，号称"四狗"。这次人才的聚集，为铁木真的成功铺下了基石。

"十三翼之战"结束不久，塔塔尔部与金国发生大战。金国派丞相完颜襄约集克烈部脱斡邻勒汗联手进攻塔塔尔。脱斡邻勒汗约会铁木真一齐进攻塔塔尔部。铁木真觉得这是一个报父仇的好机会，就点齐3万大军，参加了对塔塔尔的战斗。

塔塔尔部腹背受敌，三面被攻，一败涂地。塔塔尔部首领蔑古兀勒被杀死在乱军之中，塔塔尔的百姓、辎重、牲畜，大多被脱斡邻勒和铁木真掳获。

金国皇帝把此次作战有功的脱斡邻勒汗封为王，

一代天骄 **成吉思汗**

→呼伦贝尔草原，蒙古人主要的牧场之一。

史称"王汗"。同时封作战有功的铁木真为"扎兀惕忽里"，意思为先锋官。

铁木真参加对塔塔尔的战斗不仅报了父仇，还壮大了力量，同时又与强大的王汗并肩作战，从此威名远震，附近小部落都纷纷归顺于他，此时他所辖的部落联盟已经成为蒙古最大的部落联盟之一。

这天，大漠上风和日丽，众贵族和部落的首领齐聚铁木真大帐，他们共同推举铁木真为蒙古部落联盟的大汗。此时，正是公元1189年，铁木真28岁。至此，铁木真在漠北大草原上牢牢地立住了脚跟，成了举足轻重的风云人物。

在统一蒙古乞颜部，建立强大的蒙古部落联盟中，铁木真作为统率者的勇武、机智和政治家的才能、战略家的气魄初露端倪。他赢得了族人的尊崇，为争雄草原奠定了基础。

← 蒙古骑兵将军及其装备

铁手高悬霸主鞭

> 长有翅膀的雄鹰能搏击万里风云，长有翅膀的野鸡却只能做雄鹰口中的食物。
> ——作者题记

铁木真被拥戴为汗后，立即建立起一套巩固自己统治地位的制度。他任命最早追随他的亲信那可儿博儿术和者勒蔑为那可儿之长，并分设了带箭的、管饮膳的、掌管牧羊只的、管修造车辆的、管家内人口、带刀的、掌驭马的，管牧养马群的、负责远哨近哨的和守卫宫帐的十种职务。他还派人向脱斡邻勒汗报告此事，并得到了王汗的允许。

至此，漠北形成了5个大的部落联盟。这就是：扎答兰部、克烈部、汪古部、乃蛮部、蒙古部。

铁木真被推举为蒙古部的可汗，他要做苍天大雕的愿望终于可以实现。但是，铁木真深深感到自己的羽翼还不够丰满，双翅还难以完全展开。成为大汗后，他发觉各部投来的贵族中有一些人骄横跋扈，互不服气，众军士中也有许多人不守规矩、不听号令。他下决心要整治蒙古部联盟内部。

在蒙古部联盟里有一些原各部的老辈贵族，他们骄横惯了，根本就不把新拥戴的大汗放在眼里，大汗的命令他们可以随意违背，铁木真准备从他们身上先开刀，以捍卫大汗的尊严。

这一天，铁木真的那可儿（侍卫队）的一个首领气喘吁吁地跑进大帐报告：主儿乞惕族人把铁木真的50多名那可儿剥光了衣服，并且还杀了10人！这下可惹恼了铁木真。他大发雷霆，他的吼声把斡耳朵（大帐）外的战马都惊跑了。

他立即传令把主儿乞惕的贵族首领撒查别乞和泰

铁木真派其妹帖木仑的丈夫带领60名战士给主儿乞部送去战利品，结果10名战士被杀，50名战士被剥光了衣服，帖木仑的丈夫也被杀死。

出二人绑来，厉声责问他们为什么纵容族人行凶。撒察别乞和泰出二人摆出若无其事的样子说："杀了几个那可儿，算得了啥？"

铁木真大怒，把众贵族和首领们拥戴他为大汗的誓词，摔到了他俩面前。二人见铁木真二眉倒竖，丹凤眼圆睁，这才慌了神，双双跪倒在地，哆哆嗦嗦地说："大汗，饶了我们这一回吧，老臣知罪了！"

铁木真威严地说："你们推举我为汗，当着神灵宣誓，如果违背我的号令，愿受任何处置；今天如不杀你们，怎向神灵交代？"说罢，命令带刀侍卫把二人拖出去砍了。

杀了两个老辈贵族，众贵族们不寒而栗，骄横的

三河源头（鄂嫩河、怯绿连、土兀剌河）最主要的三大河流，是蒙古人的聚居地。

举止有所收敛。可是，主儿乞惕贵族中还有个大力士不里孛可使铁木真放心不下。这个不里孛可平日里就对铁木真不尊，明显不是诚心诚意拥护他，铁木真不能不对他有所戒备。

这一天，铁木真举行宴会，众贵族都喝至半醉，铁木真的弟弟别勒古台趁着酒兴舞刀，大家正鼓掌喝彩，不里孛可却起身对舞。在对舞中，不里孛可假意失手砍伤了别勒古台。铁木真看得真切，故意不动声色，继续喝酒。过了两月有余，铁木真特意安排了一次摔跤比赛。他指名要大力士不里孛可和弟弟别勒古台比试。别勒古台是草原上有名的摔跤手，大汗旨意，要他处死不里孛可。

因为平时不里孛可总是仗着力大欺侮别人，因此，围观的青年贵族们都为别勒古台呐喊助威。

两人都施展各自的本事，别勒古台故意先让不里孛可把自己摔倒，然后，趁不里孛可骄傲之际，施展拿手本领把他摔倒在地，并把整个身体用力地压在他身上，只听他沉闷地哼了一声，当即死去。铁木真又除掉了一个心腹大患。

铁木真接连对贵族的惩罚，使整个部落联盟的贵族和首领们对大汗肃然起敬，没有人再敢违抗大汗的命令了。铁木真又开始整治军队和部落，他颁布了许多规定，命令联盟各部落严格照规定办事，不得违背。

铁木真的整治，使整个蒙古部声威大震。各个部落军容严整，马壮羊肥。

蒙古部的发展强盛，使另外4个汗国日夜不安。扎答兰部首领札木合又恨又怕。他眼看着铁木真的势力越来越强大，自己不但大仇未报，连自身的安全都受到威胁。

他不甘心眼看着铁木真的强大，四处奔走游说那些被铁木真消灭部落的残余势力和自己共同消灭铁木真，他的打算正合这些人的心意。1201年，一批败散的旧贵族，塔塔尔、翁吉剌、合答斤、撒勒只兀惕、泰赤乌、朵儿边、豁罗剌思等各部首领在忽兰也儿吉（今根河、得尔木尔河会流处附近）集会，组成联盟并

→ 赵恒煊饰演的札木合

← 呼伦湖草原，塔塔尔部所依赖生存的草原。

推举札木合为"古儿汗"（意为众汗之汗，汗即王）。

札木合称汗后，马上集聚联军，联军中有人把这一消息报告给了铁木真。铁木真闻报，点齐了5万大军前来迎敌。

双方大军在海剌儿河的小支流帖尼火罗罕相遇。

札木合立马横刀站在黄罗伞盖下，背后大汗旗帜迎风飘摆。左右是合答斤、撒勒兀惕、朵儿边、亦乞列思等众部落首领。

在札木合人马的对面，只见铁木真骑一匹枣红马，头上罩着红罗伞盖，手提钢枪，威风凛凛。左有拙赤合撒儿、忽必来、者勒蔑、速不台，右有博儿术、纳牙阿、豁儿赤、蒙力克。他们也是威风凛凛，使人望而生畏。札木合这方众首领军士一见铁木真军容严整，个个将领都是草原闻名的"把阿秃儿"（勇士），早吓得魂飞魄散。

第一阵，札木合手下先锋合答斤出战，一下子就被拙赤合撒儿生擒，并徒手撕作两半！札木合的部众吓得目瞪口呆。第二阵，撒勒兄兀惕出战，只几个回合就被蒙力克一刀砍下马。

札木合见势不好，想仗人多势众取胜。他命挥舞大旗，率领联军一齐向铁木真队伍掩杀过来。

两军混战在一起。扎答兰部东拼西凑的兵士，被训练有素的蒙古部军队杀得大败而逃。札木合也吓得拼命打马落荒而逃。

这是蒙古部联盟建立后的第一个大的战役，消灭

→蒙古骑兵

←怯绿连河

了扎答兰部，俘虏了3万多兵士，缴获了大批辎重和武器盔甲马匹。蒙古部的势力更加强大了。

蒙古部的势力迅速膨胀，使克烈部的王汗脱斡邻勒忧心忡忡。他十分了解铁木真乃是胸有大志之人，因此十分担心汗国的安全。这时，札木合逃到了王汗的领地，他向王汗挑拨说："铁木真要消灭你，他自己要称王汗。"原来，在漠北称王汗的只有脱斡邻勒。札木合的话，使他深信不疑。他和札木合共同商量先下手除掉铁木真的计划，准备发兵突袭铁木真。

王汗的儿子桑昆是个很有谋略的勇士，他与众贵族商定进兵的时刻，特意嘱咐不可泄露军机，以免打草惊蛇。

受到铁木真打击的老贵族阿勒坛刚刚投奔王汗。急于立功请赏。他的弟弟也客扯连回到家中，喜形于

一代天骄　成吉思汗

→蒙古兵营帐篷

色地对家人们透露了王汗军队的计划："如今大王汗和桑昆已经决定，明早就要攻击铁木真，到时候大伙可要齐心协力，为大汗效力。"

正说话间，牧人巴罗来送马奶，听到此言不由得一惊，回到住处，他把听到的话说给同伴乞失里黑。

乞失里黑说："你我皆是不得已随着主人背叛了铁木真，早就想重新去追随他；如果这个消息确实，我们正好可以回去向铁木真报告。"说完，他就到也客扯连的帐外探察。这时，他听见也客扯连和儿子那邻客延一边磨箭一边研究行动计划。乞失里黑把他们准备偷袭铁木真的时间等，听得清清楚楚。于是，乞失里黑跑到铁木真的大营，把这一计划告知了铁木真。铁木真率军大战王汗于合兰真沙陀（今东乌珠穆沁旗

北），铁木真战败，退到呼伦贝尔湖和克鲁伦河下流一带休整。

不久，他的力量得到恢复。他在休养兵马期间假意与王汗讲和麻痹王汗。在王汗完全对他放松了警惕的时候，他率领大军悄悄地包围了王汗的驻地。

这天，王汗人马毫无准备。铁木真大军突然冲入大营，喊杀声从四面八方响起。双方混战在一起。王汗带领军队奋力左冲右突。当他逃离战场时身边仅有数骑。王汗逃到乃蛮边界时，被乃蛮守将所杀。至此，漠北最强大的克烈部被消灭了。

克烈部被消灭后，札木合又逃到了乃蛮部，他又来游说乃蛮部的首领太阳罕。

乃蛮部位于阿尔泰山东西广阔地区，同具有高度发达文化的畏兀儿人为邻，受畏兀儿人影响很大，因此乃蛮的文化高出所有漠北的游牧部落。此时的乃蛮部已经有了相当发达的政权管理机关。在乃蛮汗的直接管辖之下有一个政务处，由掌印官主管。乃蛮人与周边甚至中亚细亚等文化较发达地区的人民往来，因此创立了文字，还有一部分人皈依了景教。

乃蛮部首领太阳罕得知铁木真荡平了克烈部后，心中也十分忧虑。他担心铁木真的野心太大，不久之后就会对付乃蛮。札木合的到来使太阳罕十分高兴，

一代天骄　成吉思汗

→蒙古族铜茶具

札木合了解铁木真的情况，有他在自己身边，就等于有了进攻铁木真的向导。太阳罕决定接受札木合的建议，联合阴山脚下的汪古部夹攻铁木真。

汪古部得到太阳罕请求出兵攻击铁木真的信，非但没有听从这个建议，反而派人把信交给了铁木真。

自从消灭王汗以后，铁木真正在计划对乃蛮部用兵，因为乃蛮是大漠上最强大的一股势力，乃蛮存在一日，他就不能实现统一大漠的愿望。但乃蛮这股势力不可小觑，平时又不熟悉敌情，贸然进兵，必然会吃亏。

恰好在这个时候，有一大队回族商人路经铁木真的领地，请求通过。铁木真听说他们是从乃蛮部地区来的，十分高兴，就很好地招待了他们，并要求他们协助自己攻破乃蛮。

这些回族商人常年到乃蛮地区和中亚细亚等地经商，对乃蛮情况了解很多，他们把知道的情况都告诉了铁木真。

1204年夏，铁木真正式西征乃蛮部。这是一个颇具胆识的决定。

夏天进兵对游牧部落来说简直是冒险。初夏之时草原上水不足、草不肥，战马也是最瘦的时候，不利于行军。但铁木真认为此时乃蛮部正好毫无准备，可以对它进行突然袭击而取胜。

经过数天艰难行军，铁木真的军队突然出现在太

← 额尔齐斯河

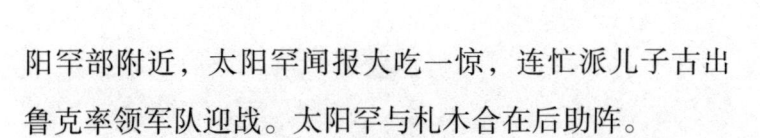

阳罕部附近,太阳罕闻报大吃一惊,连忙派儿子古出鲁克率领军队迎战。太阳罕与札木合在后助阵。

札木合见铁木真大军排好了阵势,就指给太阳罕说:"这阵前四人就是铁木真的四员猛将哲别、忽必来、者勒蔑、速不台,他们勇猛异常,从未打过败仗。"接着他又把铁木真的大将一一指给太阳罕看,并数说着他们的本事,让太阳罕千万要小心。他这一说不打紧儿,倒令大将们不寒而栗,起了动摇军心的作用。

两军一对阵,乃蛮军全线崩溃。在逃跑中仅被踩死、压死的就不计其数。铁木真大军一直把乃蛮人赶到斜米列契。

太阳罕在乱军中被蒙古部士兵抓住,他刚来得及喊出一声:"带我见铁木真!"就被砍成肉酱。铁木真早有命令,任何人擒到太阳罕杀无赦。

只有古出鲁克竭尽全力,带领一部分残兵杀出条血路,逃入斜米列契,其余乃蛮百姓都成了俘虏。

消灭乃蛮之后,一些小部落纷纷来向铁木真投降。汪古部也归顺了铁木真。札木合被自己手下人抓来献给了铁木真,当即被铁木真处死。至此,漠北的四大部落联盟——扎答兰部、克烈部、汪古部、乃蛮部,相继被蒙古部所灭或归顺蒙古部,漠北实现了统一。

← 贝加尔湖的东南是塔塔尔部的居住地

　　这是1206年，铁木真44岁。漠北的贵族首领在鄂嫩河畔召开忽里勒台（大聚会），把统一的漠北命名"蒙古汗国"（亦称大蒙古国），铁木真被推举为全蒙古的大汗，蒙古萨蛮教的首领，自称能与鬼神共语的阔阔出对铁木真说"最高的主让你统治大地"，并向铁木真献上成吉思汗的尊号。从此，人们尊称铁木真为成吉思汗。成吉思是强大天赐之意，汗是君主，成吉思汗就是强大的君主的意思。从此，结束了几个世纪以来漠北大草原上的纷争局面，整个蒙古汗国的疆域东起兴安岭，西达阿尔泰山，南与金朝相邻，北至贝加尔湖。

　　蒙古汗国成立后，成吉思汗制定了十户长、百户长、千户长、万户长的草原牧民十进位编制制度，将开国功臣95人封为千户长，木华黎、博儿术、纳牙阿、豁儿赤四人被封为万户长。他还挑选有技艺、身材好的人组成"怯薛"（护卫军）。设立扎鲁忽赤（断事官），颁布大扎撒（法令），又让被俘的畏兀学者塔塔统阿以畏兀字母为基础，创造了蒙古文。

现在，成吉思汗已经成为一只真正羽翼丰满的大雕，他可以展开双翅自由翱翔了。

几个世纪以来，漠北大草原上数十个部落无休止地进行着血族仇杀和相互掠夺的战争，使广大民众生活在刀光血雨之中。铁木真一举统一了这数十个部落为大蒙古汗国，给漠北带来了和平，为蒙古族人民立下了不朽的功勋。

鹰嘴也应善啄市

> 虫子虽小能使参天树木枯萎，出自小人之口的谗言可使众叛亲离。
> ——作者题记

铁木真统一蒙古后，大漠上出现了一片繁荣景象。以往征战中的战马嘶鸣、刀斧撞击的声音消失了。牧人安然地在草地上放牧，座座毡帐中飘出了歌声笑语，翠绿的草地上响起了马头琴，跳起了蒙古族舞。整个鄂嫩河畔充满了祥和与欢乐。

转瞬间，秋天又降临了大漠，这时天高气爽，正是射雕的好日子。铁木真一直征战沙场，很久没有打猎射雕了。他在幼时曾随父亲射过大雕，少年时又常射大雕。因此，在梦中总是梦见雕的影子。梦里出现的大雕很大，张开翅膀能把半个天空遮住，它飞得又高又远。当铁木真拉开自己的小弓向它瞄准时，大雕却俯冲下来，用翅膀把他连人带马搧倒了。几十年的戎马倥偬，他很少得闲打猎，甚至连大雕的梦也很少做了。

一代天骄　**成吉思汗**

→蒙古弓箭

这天，他带上几十名怯薛和亲信将领到深山密林处行围狩猎。

一会放马追逐黄羊，一会举弓射兔，他尽情享受在这大自然中的乐趣。

突然，铁木真看到了雕的影子。那是一只正在觅食的雕，远远望去，但见它俯冲下去敏捷地抓起一只小动物，那张开的翅膀告诉铁木真，它是一只很大的雕。

铁木真拍马向大雕飞去的方向急驰，伸手从鞍上摘下自己的昂忽阿大弓，从箭囊里拣出一支客亦不儿箭。那只大雕敏锐地发觉到有人，急忙拍着翅膀升高，

政治家卷　045

在半空中敌视地盘旋着。铁木真眯起眼睛，瞄准大雕的位置，忽然举起弓箭向它射去。

弓弦砰的一声响，大雕听见响声，便习惯性地向高飞去。有经验的射手都是熟知这一点的。他们瞄准的都是大雕上方的位置，以便射中向高飞的大雕。

但是，每个射手的力量不一样，他们射出箭的速度也就不同。力量小的射手，箭射在猎物脚上，也许根本就射不到。铁木真臂力过人，用的又是强弓，所以箭速极快。

只听那只大雕哀叫一声从空中栽了下来，掉在铁木真马前。

一个军士跑过去，把大雕拾起，递给铁木真身旁的纳牙阿，纳牙阿把大雕举起一看，客亦不儿箭从大

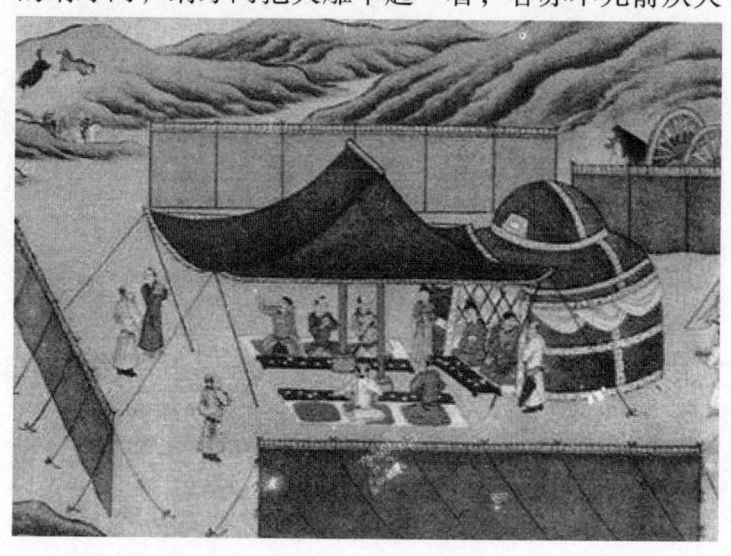

← 元·皮囊上的画

一代天骄　**成吉思汗**

→蒙古大营

雕的左眼穿进，右眼穿出。纳牙阿和众将领都惊呆了，这真是神箭啊，凡人是射不了这样准的！纳牙阿举着带箭的大雕高声喊道："大汗简直是长生天的骄子啊！长生天教大汗射下这只大雕，就是让大汗统治全天下！"

说完，他率先滚鞍下马，跪在铁木真脚下。

"天之骄子！天之骄子！"护卫军的高呼声响彻草原上空。

铁木真也激动万分，他胸中燃起一团烈火，暗暗发誓："对，我就是要统治全天下！"

铁木真狩猎回来后，激动的心情难以平静。他回想起自己征战厮杀几十年，终于使大漠这个广大的地域成了自己的一统天下。现在他拥有快捷无比的强大骑兵，他们训练有素，勇猛彪悍。他可以到大漠以外的天下闯闯，他要吞并马蹄所能到达的所有疆域。

打猎回来的铁木真在他的大帐旁看见了幼弟帖木格·斡赤斤。他挽着自己最疼爱的小弟弟的手，和他一起走进大帐。

斡赤斤生性懦弱，这时却红了脸，喘着粗气说：

← 元代陶制人与骆驼

一代天骄　**成吉思汗**

凯旋的蒙古骑士图

"大哥，阔阔出太欺负人了！"

铁木真在羊皮椅上坐定后，问："他怎么了？"

"阔阔出最近不断装神弄鬼，说他已经得到长生不老的秘方，只要忠心追随他的人都能够受益，所以百姓们都带着家产去投奔他。我为了追回自己属下的士兵百姓，派亲兵去找他要，谁知他蛮不讲理地把我的亲兵都打伤了。这还不算，当我亲自去与他评理时，阔阔出竟然叫我跪下求他。"

铁木真一听这话，不禁勃然大怒："这个阔阔出，他难道要反叛不成？"

铁木真打发斡赤斤先回去，自己静静地想着对策。

原来，草原人都迷信天神。通天巫阔阔出假借天神的旨意，帮助铁木真定尊号为成吉思汗，受到铁木真的宠幸，并得到众多蒙古人的拥护。

他常常赤身露体走进荒野和深山，回来就称天神给他谈过话，迷信他的人越来越多。

阔阔出的父亲就是有功于铁木真的蒙力克。阔阔出排行第四，共有兄弟7人。他们以蒙古国第一功臣后代自居，不把任何人放在眼里。阔阔出还企图利用萨蛮教争权夺利，要使宗教权与王权等同，他也要成为草原上的主宰。为了实现他的野心，他想首先除掉铁木真的左右手，这就是铁木真的大弟拙赤合撒儿、

←元铜火炮

异母弟别勒古台。

合撒儿能征贯战,勇猛无比,是草原第一大力士,使敌人闻风丧胆。别勒古台刚中有柔,有勇有谋,为人随和,英雄们都愿围在他的周围。

他二人最看不惯阔阔出的所作所为。阔阔出也把他二人看成了实现他野心的障碍,于是苦苦思索加害二人的计策。

阔阔出开始常在铁木真面前说合撒儿的坏话。他挑拨说合撒儿居功自傲,根本不把铁木真放在眼里,有反叛行为。恰在这时,铁木真召集众将议事,合撒儿不到。这是阔阔出事先知道铁木真要召集众将,就指使亲信将合撒儿灌醉,让他误事,以至引起铁木真的疑心。接着,阔阔出又编造了一些合撒儿要造反的

迹象，指使一些人来给铁木真报信。

合撒儿要反叛的消息不时地传进铁木真的耳朵，他终于相信了阔阔出的话，把合撒儿关了起来。

阔阔出见阴谋得逞，心里十分高兴。这时别勒古台来见铁木真，告诫说："大哥，千万不要让乌云遮住太阳，不要让阔阔出迷住你的心。"

可是，此时的阔阔出假意宣扬铁木真的功德，并把自己伪装成天神的使者，深得铁木真的信任。大弟别勒古台的话他一句也听不进去。

诃额仑夫人派人把铁木真叫到她的毡帐，她满面流泪，苦苦劝说铁木真放出合撒儿。

← 青釉釉里红刻花卉凤纹罐（元）

可是，此时的铁木真太相信阔阔出了，因为在铁木真眼中他是神的使者，他说的话是神的旨意。

阔阔出阴谋得逞后，他更加肆无忌惮地收罗党羽，扩张自己的势力。草原上的百姓都来归顺他，连铁木真御马房的奴隶也拜在他的脚下。他们像尊崇天神一样敬仰阔阔出，把他当作灵魂的统治者。

阔阔出的这些行为，也引起了铁木真的怀疑。他派人把博儿术和木华黎两人叫来。两人也把听到的阔阔出在大汗长期出征期间，收罗亲信、笼络人心、图谋不轨的事情说了出来。铁木真听后，决定除掉阔阔出。于是，他派人召集众将领前来议事，特意让阔阔出也来参加。

斡赤斤一见到阔阔出就怒不可遏。他上前揪住阔阔出请铁木真评理。

"既然你们之间无法调和，那就靠搏斗来解决吧！"

阔阔出一听铁木真的话，心中暗喜：比力气，斡赤斤可绝不是自己的对手。

两人出了大帐，阔阔出依然狂妄地喊着："我当初叫你跪下求我，你不肯；现在大汗教咱们比力气，你听天由命吧！"

斡赤斤也不示弱，指着阔阔出大骂："奸贼，你小心长生天报应!"

"长生天报应?告诉你,我就是长生天,长生天就是……"

他的话还没有说完,猛觉得喉咙被一双手捏住了,他惊得一回头,见3个大力士已经把他围住。其中一人抱住他的头,两人各拉住他的一只胳臂。

只听斡赤斤冷笑了一声说:"阔阔出,你的死期到了,看你还嚣张!"说完,冲3个大力士一挥手。咔嚓一声,阔阔出的脊柱被生生折断了,刚才还不可一世的大巫师登时气绝身亡。

大帐里的将领们听见一声惨叫,忙奔出来看个究竟。见此情景,大惊失色。

铁木真也走了出来，对众人说："阔阔出打了我的弟弟，还阴谋叛乱，现在长生天不爱他了，就把他的身家性命取走了。"

众将领中大多数人都看不惯阔阔出的所作所为，都说："大汗实在英明！铲除这个奸贼，草原才会宁静。"

除掉了阔阔出，铁木真感到一阵轻松，压在心头上的一层乌云终于散去了。合撒儿又回到了他的身边。

历史上每一位创立大业的君主都有着特殊的才能和智慧。铁木真不仅具有军事家的谋略，同时他也具有政治家的手段。他能识破敌人的诡计，并能巧妙地处罚叛逆。阔阔出披着通天巫的外衣，在众多信奉神

→元代龙泉窑

←蒙古王公雕像

的草原民众中有一定的威信，不能公开铲除，他就以比武的方式将他除掉。

　　他的这种政治家的才能，在处理多起贵族中的反叛行为中得到了充分显示，使一个庞大的贵族集团能听命于他，确保了大蒙古国的政治稳定。

跑马圈地征西夏

> 眼前的荣华富贵，只能使小人丧志；
> 伟人的博大胸怀，能容纳天地万物。
> ——作者题记

统一的漠北大草原，结束了群雄纷争，又清除了内部叛逆，到处是一派歌舞升平景象。此时的铁木真，没有在鼓乐美酒之中陶醉，他正在谋划一个更大规模的攻伐战争。

他没有忘记蒙古与金国的世代冤仇。金国曾无数次地征伐蒙古部落，残杀掳掠部众和抢夺羊和马匹。还杀死蒙古族部落首领巴孩汗。至今，蒙古国还要向金国进奉贡品和称臣。

金国的存在是对蒙古国的最大威胁，他决心要攻打金国。

当时，金国、蒙古、西夏三足鼎立。西夏东邻金国、北界蒙古，要进攻金国，必须首先征服西夏。

西夏的疆域"东尽黄河、西界玉门、南接肖关（甘肃）、北控大漠，方圆万里"。民族以党项族为主，包括汉、回鹘、藏等民族，属半农半牧经济，手工业较发展，并有强大的军事实力。

1205年，铁木真在纳忽昆山消灭了乃蛮太阳汗部时，因乃蛮王子逃入西夏而率军攻入西夏。攻拔边城力吉里寨，破落思城，劫掠大批人口、骆驼和羊、马。

第一次征夏使西夏大为震惊。1206年，废掉夏恒宗自立为帝的李安全，采取联金抗蒙策略。金章宗封李安全为夏国王，夏金联手，共同对付蒙古。

铁木真决定先攻打夏国，拆散夏金联盟，解除攻金的后顾之忧。

←成吉思汗陵雕塑

一代天骄 **成吉思汗**

→元代钧瓷米黄釉窑变葡萄紫鸡

　　铁木真的第二次攻伐西夏，于1207年拉开了序幕。攻夏大军在铁木真的率领下直抵西夏的兀拉海城。这是西夏防御北方敌人的一个军事重镇。铁木真大军猛攻数月才把城攻破，在城中驻军5个月后，因人马众多，粮草供应不上，大肆掳掠一番后撤回漠北。

　　回到漠北后，铁木真传令加紧练兵，广集粮草。他命令木华黎、速不台等人督促练兵，并要演练攻城的战术。

经过充分的准备，1909年春，铁木真开始第三次征伐西夏。

木华黎、速不台把精心挑选和经过训练的10万大军整齐地排列在大草原上，接受铁木真的检阅。

铁木真在众将领的簇拥下走上检阅台，10万大军欢声雷动。绿色的大草原上战旗飘扬，战马嘶鸣，刀光闪闪，兵士个个盔明甲亮。铁木真对这支大军充满信心。

检阅完毕，铁木真把10万大军分成五路。哲别、忽必来第一路；者勒蔑、速不台第二路；自己亲率中军为第三路，木华黎相随；博儿术、纳牙阿、豁儿赤、蒙力克分别带第四路和第五路。挑选一个吉日，10

←元铜官印

一代天骄 **成吉思汗**

万大军浩浩荡荡向西夏进发。

西夏国主襄宗李安全闻报大惊,慌忙召集众大臣商量对策。蒙古兵的前两次进犯已经使大臣们领教到了蒙古兵的厉害。有一位大臣出班奏道:"蒙古兵人强兵壮,个个勇猛善战,蒙古大汗有勇有谋,手下良臣大将众多,我们还是议和为上策。"

→蒙古将军像

←蒙古骑兵征战雕像

这时，站立一旁的皇太子骂道："你这奴才，怎能长他人志气，灭自己威风？小小蒙古粗野之人，有何所惧！"大都督府令高逸也奏道："两次蒙古入侵我疆土都不战自归，这次定要组织大军杀他个片甲无回。"其他臣僚见太子主战，谁还敢多言，只好顺着太子胡说一气。李安全见言战派者多数，且觉得他们说的也在理。

于是，他传旨，命皇太子李承桢为灭蒙古大元帅，大都督府令高逸为副帅，统领5万大军前去迎敌。

西夏边塞黑水城北的兀剌海城是进入西夏国的要塞。皇太子李承桢和大都督府令高逸把大兵驻扎在这里，抵御蒙古兵。

这一日，铁木真兵至兀剌海城。第一路哲别、忽必来带兵到兀剌海城前挑战。

皇太子李承桢亲自率手下大将李童、李贯带兵冲出兀剌海城，在哲别大军前摆开阵式。李童手提双锤直奔忽必来而来，两人战了三五个回合，李童渐渐招架不住，刚要回马败逃，被忽必来大喝一下，吓得从

← 元代金马鞍

马上摔下来，被自己的战马踩死。皇太子正要上前，被哲别一箭射落头盔上的红缨。太子大惊，急忙带兵败退回城内。蒙古大军继续挑战，西夏兵坚守不出。

哲别率领大军开始攻城。哲别大军一齐向城上守军放箭，箭像飞蝗一样，守关将士纷纷中箭。此时，又有两路大军赶到。铁木真来到城前，见此城久攻不下，心里一急，大喝一声，竟打马向兀剌海城冲去。这下可惊坏了跟随的将领，众将领一齐打马，冲到铁木真前面，直向兀剌海城冲去。众军士见铁木真亲自攻城，齐声呐喊，声音惊天动地，潮水般地向兀剌海城拥去。守城的西夏兵见蒙古兵勇不可敌，立即弃城而逃。高逸死战，被蒙古兵捉住来见大汗。高逸大骂不止。铁木真大怒，命砍下高逸人头祭旗。

蒙古大军消灭了城中顽抗的残军，最后，终于占领了兀剌海城。在城内巷战中又俘获西夏太傅西壁讹答。铁木真大军由此长驱直入河西地区，向西夏的国都中兴府（今宁夏银川）逼近。

襄宗李安全闻报大惊，连忙派嵬名令公率5万大军在克夷门设防，堵截蒙古兵。

克夷门位于贺兰山口，两面各有一座大山，山高石陡，都是悬崖峭壁，无路可攀，中间只有一条必经之路，由嵬名令公死守在此。蒙古兵拼命进攻，被滚

一代天骄　**成吉思汗**

→ 蒙古族贵族妇女头饰

木巨石砸死1000多人。蒙古兵连续进攻两月有余,此山口迟迟攻不下来。

铁木真正在大帐中焦急不安的时候,木华黎走了进来。他向铁木真献了一条破敌之计。铁木真闻言大喜,命木华黎依计行事。

西夏兵在此守住路口两月有余,这几日忽然见蒙古兵不再进攻,而都解甲宽衣席地而休息,一连数日,天天如此。这时守山口的副将立功心切,他认为:"这一定是蒙古兵远途而来又连日攻关疲惫所致,我们趁机冲杀,定能获胜。"嵬名令公不允,唯恐中计。又过数日。蒙古兵还是如此模样,守关的几名副将一齐请求出战。嵬名令公只好拨给副将一半人马。副将仓合带领2万多人马冲出山口,直奔蒙古大营。只见蒙古军大乱,丢弃辎重、旌旗大败而逃。嵬名令公见状,亲率剩下的所有守关将士一齐冲杀出来,穷追蒙古逃兵。当追至一个山谷时,突然从两旁山上滚下无数巨石,把山口堵住。嵬名令公大惊,情知中计,急忙吩咐退兵。可是,后面的山谷也一样被巨石堵住,这5万大军就这样全部被封在山谷之中。

铁木真率领10万大军浩浩荡荡通过贺兰山口来到中兴城下,把中兴城团团围住。

夏王李安全见城外敌兵密密麻麻,到处是旌旗飘动，吓得胆颤心惊。他把众大臣招集起来商量对策。大臣们都害怕城破后被蒙古兵所杀，一致要求死守此城，并请求派人去金国搬救兵。李安全见状也只好如此。他派几员大将，保护使臣杀开重围，去金国请救兵，这时，金国皇帝金章宗已经死去，卫王永济刚刚继位，他拒绝大臣们出兵助夏的主张，采取隔岸观火的态度。中兴府城墙坚固，易于防守，再有夏王督战，兵士死守，铁木真指挥蒙古兵经过数十次攻城，都被打退。正在焦急当中，木华黎又献上一条攻城的妙计。原来，正当铁木真指挥奋力攻城时，木华黎仔细观察了中兴城四周的情况，他发现黄河离城不远，而此城地势又低，于是他打算用黄河水灌城。铁木真闻此计大喜，马上调兵遣将，筑堤引水灌城。李安全等众大臣见铁木真突然一连数日不攻城，心里十分疑惑，正在猜测时，突然外面响声大作，犹如万马奔腾之声，大水铺天盖地而来！城里顿时人喊马叫，乱成一团。正当铁木真军兵乐得手舞足蹈之时，突然大水回灌，铁木真大军的营地也水满为患。这种情况西夏兵并不知情。铁木真只好将大军向后撤。在撤军的同时，铁木真把俘获的讹答太傅召入大帐，让他去劝夏王投降。此时救兵等不到，又被大水所淹的李安全，早吓得六神无主。他不顾大臣们的反对，马上派使臣向铁木真

双凤麒麟纹石刻（元）

求和，同意纳贡称臣，还把自己的女儿察合台公主献给铁木真。铁木真立察合台为皇后，当时人称察合台皇后。

铁木真见目的已经达到，西夏国臣服，就答应请降，带上西夏公主和大批贡品以及掠来的金银财宝，率领大军返回蒙古国。

夏主李安全联金抗蒙政策彻底失败后于1211年被废，李遵顼继位，正式宣布与金断交，联蒙抗金。至

一代天骄　**成吉思汗**

此，铁木真解除了攻金的后顾之忧。

　　铁木真在征伐西夏的战争中充分显示了他作为一代军事家的雄才伟略，他正确地分析了金、夏、蒙的三足鼎立之势，确立了正确的首先征服西夏，然后攻打金国的正确战略。

　　金国是一个实力强大的国家，而夏国相对弱小。铁木真这种先打弱小，各个击破的战略和先联合利用后打击消灭的策略，曾使他击败漠北大小40余个部落而统一蒙古。现在，又在征伐金、夏的战争中进一步发挥和利用。

→蒙古龙头茶壶

鏖战中原振雄风

> 野蛮和粗俗有时也会战胜文明和进步，
> 但历史的车轮却只能向前转动。
> ——作者题记

铁木真率领征服了西夏的蒙古大军归来，整个大漠一片欢腾。

铁木真传令犒赏10万大军，并把西夏的贡品和掠回的财物分给将领和士兵，众人齐声称赞大汗的恩德。

正当蒙古国举国上下庆贺征伐西夏胜利的时候，金国派遣的传诏使到。当来使宣读新即位的卫绍王完颜永济诏书后，铁木真大笑着向地上吐口唾沫说："我以为中原皇帝是天人所做，像他这样的懦夫也能做吗？"说完翻身上马，挥鞭而去。

西夏已经臣服，现在铁木真没有后顾之忧了，他决定开始攻打金国。

1211年2月，在古鲁伦河畔，旌旗在风中猎猎飘动，刀剑在阳光下放射出炫目的光芒，数十万战马的嘶鸣汇聚犹如天上的滚雷。铁木真在这里聚集起准备

← 蒙古银碗

攻打金国的10万大军誓师。誓师后，大军向金国进发。

金帝闻报后，派遣大将定薛率领金国主力40万大军前去迎击铁木真。两军在野狐岭（今河北张北以南）相遇。

铁木真观看金国的大军，战马不肥，士兵斗志不旺。心中想到这40万大军不过是一些乌合之众罢了。在双方几十次对阵中都是蒙古军取胜，蒙古军士气大振。铁木真乘机亲率大军一齐掩杀过去，把金军杀得大败而逃。铁木真指挥大军紧追不舍，一直追到浍河堡，金军主力被消灭过半。这一仗直杀得金军喊爹叫娘，横尸几十里。

铁木真在稍做休息之后，又率大军连续攻破金国重镇宣德（今河北张家口）、德兴两座城池。

1213年秋天，金国元帅高琪又调集了金军主力大军20万，向铁木真反攻，经过激战，又被铁木真打得大败。铁木真一举攻入紫荆关，进入右北口。与此同时，另一路大军的先锋哲别，占了紫荆关南口和居庸关，此时金国门户大开。铁木真率领大军长驱直入，围攻中都（今北京）。

　　在此之前，蒙古军占领景州后，各路大将曾向铁木真建议，把城墙毁掉，进行屠城。跟随铁木真的文书官契丹人石抹明安坚决反对。他对铁木真说："将城墙毁掉可以防止金人恢复元气，据险顽抗，这对我军有利；不过屠场万万不可。因为我军大开杀戒，其他各州军民必然惧怕，拼死抵抗。如果大汗下一道赦免文书，那么其他州贪生怕死的，一定会望风而降！"

　　铁木真接受了这个建议，正如石抹明安所说，蓟

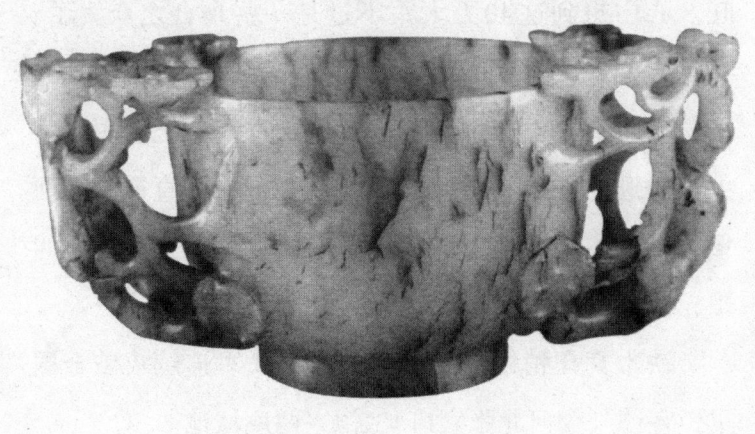

← 青白玉雕双耳梅花杯（元）

一代天骄　成吉思汗

→元碑

政治家卷　073

州、檀州等中都外围各城守军得知投降可免一死，纷纷自动开城出降。蒙古大军兵不血刃，立即把中都围个水泄不通。

铁木真的长子术赤带领另一路大军攻下西京后，也从太行山南下，直逼中都。

这个时候，金卫绍王完颜永济已经慌得六神无主，他一面传圣旨召各州军队来救驾，一面强征中都百姓上城死守。中都城池坚固，粮食充足，而且聚集金国剩下的所有精兵。铁木真见强攻不能破城，便命令兵分三路绕中都南下，攻打金国其他州县，主动解了中都之围。

蒙古左军在合撒儿率领下攻占滦州及辽西各地，术赤、察合台、窝阔台统领右军攻占太原。中军主力由铁木真、拖雷指挥，先后攻破河间、济南、益都等城，锋芒直指邳州（今江苏邳洲市）。

从攻入金国时起到1214年春，除了大名、真定、东平等11个城池以外，铁木真大军横扫90多个郡州，中原一带几乎都被他占领。这些区域的百姓流离失所，四处奔逃。蒙古大军掠去了所有的金银财宝，然后把带不走的房屋和城堡焚毁了。使整个中原的城郭，变成了一片废墟。

蒙古军队在征服了其他城池后，回师北上，再次

一代天骄　**成吉思汗**

围住金朝廷的京城——中都。

　　铁木真觉得此时已经掠夺了大量物资，出兵的目的达到了，急于回到蒙古本土，便表示可以议和。

　　完颜永济正在绝望之际，闻听可以议和，马上派出使臣到铁木真大帐求和。铁木真提出了每年需要进贡的数额。完颜永济不但一一答应，为了讨好铁木真，

→窝阔台大汗营地塑像

还把歧国公主献给铁木真，并送童男童女500，骏马3000和大批金银珠宝。

铁木真见金国已经屈服，便心满意足地下令班师，率领大军退出居庸关。

曾经不可一世的金帝国在铁木真打击下威风扫地。完颜永济又憋气又窝火，得了一场大病，不久死去。接替帝位的金宣宗完颜珣认为中都离蒙古太近，长城难以据守，便不顾众大臣们的反对，于9月迁都到黄河南岸的汴京（今河南开封）。

此时，正屯兵鱼儿泺的铁木真听到这一消息，觉得金帝国迁都是做长久与蒙古为敌的准备，如不给以重创，它一旦恢复国力，对蒙古汗国不利。于是，他率领大军再次攻入长城。

这次进攻的声势与规模比上一次更大。金军中的契丹人和汉人已经领教了蒙古人的厉害，加上早就想摆脱女真族的压制，纷纷倒戈归附蒙古军队。金辽东守将契丹人耶律留哥也率军投奔了铁木真。

铁木真派木华黎领一支部队收服了辽西各郡，其他部与投诚的契丹军合在一处猛攻中都。

1215年3月，金宣宗派军队增援中都，却被成吉思汗早安排好的伏兵击败，中都成为一座孤城。

铁木真在上次进攻金国中俘虏了大批汉族工匠，

一代天骄　**成吉思汗**

→成吉思汗广场

其中有很多人会制造使用火炮。这次大战中可派上了用场。铁木真命他们制成大量震天雷和飞火枪，协助攻城。

攻城的蒙古军得到这两种火器，如虎添翼。震天雷是把炸药做成圆球状，放入一个长筒内，点燃引信，只听"嘭"的一声震天价响，圆球飞向目标，"轰"地一声炸开，被击中的目标或燃或毁，人被命中非死即伤。这震天雷适于远射，能打好几百米，架在城下攻城，杀伤力极大。

飞火枪则适于近射，开枪时用火石点燃引信，瞄准目标发射。铁木真特意命工匠们加大火药量，所以

政治家卷　077

飞火枪发射一次，喷出的砂弹能打倒好几个人。

　　蒙古兵连续几天发射震天雷，把城上守军炸得死的死，伤的伤。攻城蒙古兵又拿飞火枪攻城，守城金军伤亡惨重。

　　这时中都城已被围近一年的时间，城中存粮早已吃光，百姓开始骚动。金国留守完颜承晖亲王见大势已去服毒自杀，元帅抹然趁着夜色弃城而逃。中都陷落。

　　1215年5月，蒙古军队像决堤的河水一样涌进中都，大肆烧杀淫掠。此时，铁木真因在与金国大军交锋中中流矢正在凉陉养伤，闻报大军攻进中都后，立即派遣蒙古大断事官失吉·忽秃忽为全权使臣，前往中都接收金廷留在这里的金银珠宝。

　　蒙古兵攻

← 元代铠甲武士

入中都，他们见金皇宫雄伟壮丽、气势宏大，惊得这些风餐露宿的草原牧人竟不敢抬头仰视。金国建在中都的皇宫经多年修建，用了天下最上等的木料，征募了当时手艺最好的工匠，巧夺天工，古今罕见。宫内珍藏着各种奇珍异宝。蒙古大军把宫中可拿的东西一扫而光，然后一把大火，毁掉了这座人间的瑰宝。

金碧辉煌的大殿燃烧了一个多月，终于化为灰烬。中都也如同经历了一场浩劫，昔日喧嚣繁华的街市，变成了断垣残壁，冷风萧瑟，哀歌四起。

铁木真命令大军继续前进，攻打汴京。蒙古军队

→蒙古重骑兵和武器

←鄂尔多斯青铜博物馆铸铜雕像

深入河南地界，一直攻到离汴京12里处的杏花营，在这里遭到了金军的顽强抵抗。

铁木真见在短时间内难以完全征服金国，便命木华黎率领大军继续攻金，同时统治已征服的原有金地。

蒙古大军在金国掠来了巨量的财富，还同时占领了以农业为基础封建制度发达的中原地区，汉族文化对蒙古、对铁木真产生了巨大的影响。铁木真甚至想在大草原上也建造起富丽堂皇的宫殿。

为了把金国的技艺带到大草原，铁木真俘虏了大批的金国工匠和艺人，把他们押往蒙古。

负责押送这些俘虏的蒙古兵粗暴野蛮地对待他们，

←磁州窑白地黑花龙凤纹四系扁壶（元）

把他们当作奴隶对待。为了防止这些俘虏逃跑，晚上就给他们多上一道铁脚镣。许多体质较弱的人脚腕被勒伤，甚至折断了。蒙古兵就像扔死羊一样，把他们抛到野外。

这样过了几夜。这天早上，当蒙古兵过来为一群契丹人卸脚镣时，一个俘虏突然把他绊倒，其他人全都压在他身上，他连哼一声都没来得及就被愤怒的俘虏们压成了肉饼。

气急败坏的蒙古兵要把这些俘虏处死，不料更激起了众怒，俘虏们毫不畏惧地迎着蒙古军刀，把蒙古人逼得连连倒退。

就在这时，铁木真与博儿术等人赶到了。

铁木真喝令部下放下刀，然后问道："杀死士兵的是哪些人啊？"

看押俘虏的军官连忙向那些契丹人指了指。

"杀人偿命，只要把那个行凶的俘虏找出来杀掉抵命就是了。"

"请问大汗，俘虏算不算人，杀死俘虏者又该当何罪？"这时，突然从人群中传来一声响亮的责问。

博儿术上前一步，大声喝问："什么人如此大胆！"

"就是在下！"在杀死蒙古兵的契丹俘虏中走出一个人来。他高高的个子，长得一表人才。显然经过几日艰苦的跋涉，脸色显得苍白。

"你是什么人？"铁木真有点愠怒地问。

"大汗先别问我是什么人，我只问大汗想不想得天下？圣贤有言，得民心者得天下，失民心者失社稷。大汗纵容部下官兵烧杀淫掠、无恶不作，搞得民不聊生，人心怎会归顺于您呢？如若以德义行天下，宽厚待民，百姓人心所向，大汗何愁不统一天下？"

"好！"铁木真听得点头称赞。他让这个俘虏接

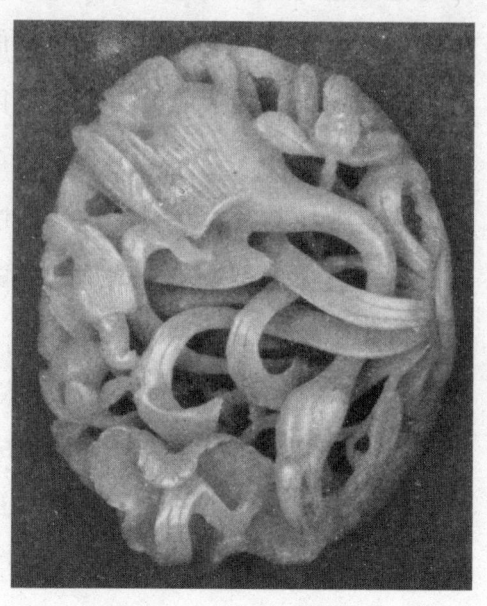

←玉『春水』饰（金）

着说。

这人又说:"大汗俘虏众多汉人、契丹人和女真人,无非是要借这些人的力量使草原也如同中原城镇一样发达起来;如若一路这样虐杀下去,就算不被杀光,余下的人又怎么肯为大汗效力?"

"你说得很有道理!不过,你究竟是什么人?"

没等那契丹俘虏回答,归降的耶律留哥说:"这就是耶律楚材。"

原来,耶律留哥常在大汗身边提起金国有一个能做宰相的奇才——耶律楚材。此人上知天文、下通地理,刑律历法术数之学、佛道庄老占卜之说无所不精,下笔做文章,倚马可待。铁木真听得恨不能马上把他召到自己身边。现在,耶律楚材就站在自己眼前,铁木真仰天大笑起来,他马上命人去掉耶律楚材脚镣。耶律楚材又要求去掉所有俘虏的脚镣,铁木真立即应允。

铁木真把耶律楚材留在自己身边,为他谋划大业。耶律楚材发挥了他"治天下匠"的作用,后来被铁木真的三子蒙古太宗窝阔台拜为中书令。

他向太宗条陈的"十八事"(治国政治主张)使蒙古主改变了原始氏族狭隘习性,帮助蒙古主建立了封建主义制度、战略战术、剥削方法,奠定了建立元帝

国的基础。这是后话。

俗话说，兼听则明。从这一点看成吉思汗不愧为一代英主，后来他之所以能够率军征服许多国家与他的英明是分不开的。

已经占据了中原地区的铁木真，又向高丽进兵。1218年，铁木真派将领哈真统军1万与东真国军队合兵进攻高丽。高丽王战败，答应每年向蒙古纳贡，高丽国也归顺了。

至此，铁木真的大汗国更加强大起来。铁木真的威名响彻整个亚洲大地。

← 征战中的成吉思汗画像

铁蹄踏破中亚圈

> 毒药适量能治病救人,美食过量会使人死于非命。
> ——作者题记

铁木真率领伐金得胜之师回到漠北草原后,一直忙于督促将领们学习蒙古文字和监督制造各种兵器和攻城器械,他还经常听耶律楚材给他讲治国安邦之策,使他越发觉得这个奇才对创建今后的大业十分重要。

这天,耶律楚材又来了,可这次他不是来讲治国之策,而是来告铁木真的将领们不听大汗的命令。

原来,蒙古族本无文字。铁木真在俘获畏兀学者塔塔统阿后,就命他创造蒙古文字。这次攻伐金国回来后,他的蒙古字已经完成。铁木真想首先让将领们学习蒙古字,就把组织将领们学习的事交给了耶律楚材。

当耶律楚材派人去叫博儿术时,博儿术说:"去告诉契丹小儿,我博儿术能骑马打天下就行,不学那弯弯曲曲的蚯蚓。"

许多将领受到博儿术的不良影响，也纷纷拒绝学习，弄得耶律楚材无法向大汗交差。

铁木真听完耶律楚材的汇报后，立即差人把博儿术招来。博儿术一进大帐，见大汗脸色不对，吓得连忙跪倒在地。铁木真喝道："你这粗野之辈，我们不学文字怎么能发展强大？！今天你违抗我的旨意，就是犯了死罪！——把他拉出去砍了！"

← 釉里红缠枝菊玉壶春瓶（元）

在众人苦苦的劝说之下，铁木真才把死罪改为降职。众将领见大汗如此重视学习文字，也都只好听从耶律楚材的安排。

铁木真又在耶律楚材的建议下命小弟斡惕赤斤监管蒙古国人学习蒙古文字。他把学习蒙古字的事安排完毕后又来到金国俘虏的营地。这些俘虏们正在遵照他的旨意造"震天雷"和"飞火枪"，还有在攻伐金国时发现金人使用的铁滑车。这铁滑车似满带铁刺的大铁轮，从高处向下滚动杀伤力极大。他把这些武器都加以改造，使之能在攻城和征战中发挥更大威力。他看到造好的武器感到很满意，因为在他下一步的征战中这些武器可以派上大用场。

他刚刚回到大帐，探马又来报告说，西辽又有大队人马袭扰边境地域，掠去大批的牛羊马匹和部众。铁木真在攻伐金国时就屡屡传来西辽犯境的消息。可是，当时正全力伐金，顾不上去讨伐西辽。这次，铁木真下了决心要扫平西辽，以绝祸患。他立即派人传令，让征伐高丽国得胜归来的哲别大军，回师征伐西辽。

西辽是中亚的一个大国。辽将耶律大石在金人灭辽后逃到西域建国称帝，建立西辽。1208年太阳罕被铁木真消灭后，他的儿子曲出律逃到西辽。当时西辽的皇帝直鲁古收容了曲出律，并把自己的女儿嫁给他。曲出律势力强大后，便与花剌子模王谟罕默德合谋于1211年灭西辽而平分原西辽土地。曲出律得天山南路同垂河流域，花剌子模分得河中同拔汗那以南诸地。曲出律仍称所属领地为西辽国，自称西辽王。原西辽人见曲出律杀西辽王，瓜分西辽疆土，都纷纷起来反抗这个外族人。最强大的反抗势力是以阿力麻里王为首的天山南路的伊斯兰教徒。他们袭击曲出律，想把他赶出西辽。曲出律进行镇压。他杀了阿力麻里王，又屠杀大批的伊斯兰教徒，稳固了统治地位。此后，曲出律就开始对铁木真进行报复，带领西辽兵经常深入蒙古国内烧杀抢掠，原乃蛮的一些部众和被铁木真消灭的部落的残部都纷纷投靠他，于是他的势力日益强大起来。为了巩固他的统治，曲出律还把投靠来的乃蛮人和草原残部首领都封给高官，以加强对原西辽人的统治。

哲别大军接到铁木真的命令后，直奔西辽而来。曲出律闻听哲别大军只有2万，心中暗自高兴。他调集5万人马在八剌沙衮（今新疆疏勒县）设下了埋伏。哲别大军很快赶到了西辽边境，曲出律带领一支人马迎上前来，与哲别大战几个回合拨马便败走，哲别率

射中铁木真的泰赤乌部的神箭手归降铁木真，铁木真给他取名为哲别并予以重用，使其成为一代名将。

蒙古射箭骑士图

领大军紧紧追赶。当追至八剌沙衮时忽然伏兵四起，把哲别大军团团围住。两军展开了激烈的厮杀。此时哲别一马当先冲进敌阵奋力砍杀，可他发现这支敌军非常勇猛，那些将士根本不避刀剑，前面的倒下去，后面的马上冲上来，倒下的人只要有一口气还要举刀砍马腿，举不动刀的就用手去抓马腿。他突然想起这样的军队在攻击太阳罕部时曾经遇到过。再看围在四周的其他军队，只是高声呐喊，畏惧不前。哲别马上整顿队伍，集中力量对这支凶猛顽强的队伍进行猛烈反击。原来，这支队伍是前来投奔曲出律的乃蛮人。曲出律把他们组成敢死队，是镇压和统治西辽人的最得力支柱。

这时，哲别用1万人的实力来对付这支5000多人

一代天骄 **成吉思汗**

→ 蒙古族骑士

的队伍，用另1万人马对包围他们的其他军队进行佯攻。哲别的铁骑曾是横扫中原大地击溃40万金兵并远征高丽国的一支劲旅，这次又以绝对优势来对付这支乃蛮军，很快就把这支敢死队消灭了大半。

这时，曲出律见势不好，马上带领大军败退，哲别率领大队人马紧追不舍，西辽各路兵马本不情愿为曲出律出战，加上畏惧蒙古铁骑，有的纷纷丢弃盔甲、旌旗投降，有的四散奔逃。

哲别将曲出律追至巴达哈伤（今阿富汗巴达克山）地区，一个山民将曲出律捕获后交给了哲别。

至此，建国87年的中亚大国西辽于1218年被蒙古所灭，伊犁同天山南路皆划入蒙古汗国的版图。

哲别派快骑迅速将灭西辽的消息报知铁木真。

此时，蒙古国的将领们正在学习蒙古文字。好久不闻战场的厮杀声而坐在毡帐里认字，这下可憋坏了这些常年征战在战场上的将领们。

这一日，博儿术撕掉了手里画着弯弯曲曲蒙古文字的本本。到现在为止，他连一个蒙古字都没记住。他觉得要记住这弯弯曲曲的东西，比在万马军中取大将的人头还难。

博儿术出生在大草原上的一个小部落，这个部落里的孩子一出生就被扔进羊皮口袋里，如果第二天没死就浸泡在冷水里，然后就在马背上颠簸长大。能够幸存活下来的个个强壮无比。博儿术在这个人群中被称为勇士，他能徒手同黑熊搏斗，能在奔驰如飞的马上射下天上的飞鹰。他少年时就跟随铁木真东征西杀，是创下蒙古国基业的主要将领，被铁木真封为万户长。

他实在受不了藏在毡帐里的咬文嚼字的生活，趁耶律楚材去铁木真大帐商议事情之机，跑出大帐，带上几个随从到密林中行围打猎去了。

一代天骄　**成吉思汗**

←元代男子胡服图

　　此时，铁木真正在他的大帐听耶律楚材向他陈述开设学馆、建立税制等建议。自从任用耶律楚材后，他感到汉朝的封建制度远比蒙古族的原始氏族制度先进。他准备改造他的大蒙古汗国。

　　突然，边关来使的报告打断了他们的谈话。铁木真闻报大怒，急传令博儿术进帐。刚刚狩猎回来的博儿术见铁木真急传他，以为又是耶律楚材告状了，吓得他战战兢兢来到大帐内。虽然他在万马军中威震敌胆，但对铁木真又敬又怕。当铁木真告知他准备去攻伐花剌子模国时，他悬着的一颗心放了下来，乐得手舞足蹈，回到大帐，痛痛快快地喝了个大醉。

原来，西辽被蒙古国征服后，蒙古国的疆土就与花剌子模国相接。花剌子模国是古代中亚一个庞大的伊斯兰教国家，领土东起印度河，西至黑海、乌拉尔、咸海，南达波斯湾（原苏联中亚各国、阿富汗、伊朗等）。花剌子模国社会发达，文明程度高，他们蔑视蒙古族人，视蒙古族人为不开化的野蛮人。铁木真征服西辽后，想要与花剌子模保持各自边境安定，发展两国经济往来。因此，派遣了商队去花剌子模国购买物品。这些购物的商队商人和随行官吏在花剌子模国内被地方官吏杀害，蒙古国边境官员派去官吏一行4人来到花剌子模国，谴责花剌子模国，并要求惩办凶手，赔偿损失。

花剌子模国人大肆污辱来使，辱骂蒙古族人是直立行走的动物，把4人剃掉头发和胡须，驱逐出花剌子模国。

为了讨伐花剌子模国，1219年，铁木真与4位皇子术赤、察合台、窝阔台、拖雷及大将速不台、博儿术、哲别率领10万大军西征。

大军直抵花剌子模国的讹答剌城下后，铁木真把大军分兵4路，分别去攻打花剌子模国各城。

铁木真留下察合台和窝阔台围攻讹答剌，命术赤攻锡尔河下游，左军沿锡尔河攻掠，自己亲率大军直抵不花剌城（今乌兹别克共和国布哈拉）。

铁木真大军来到不花剌。这是国王摩诃末的都城。这座都城城墙十分坚固，并且有国王的精兵守城。铁木真大军猛烈攻城两个月有余，才把城攻破。摩诃末弃城逃跑。铁木真命哲别、追击，他亲自率大军进城。

这是一座伊斯兰教徒集中的都城，城内教堂林立。铁木真看着这些教堂就想起蒙古官吏被污辱的事。他大肆向伊斯兰教报复。伊斯兰教戒酒，崇敬经文，教士至高无上。铁木真就命人把酒囊摆在教堂之上，还传令军士取来经卷缠系在马腿上，让教士身着教服为蒙古军士牵马执缰。

他又命人把城内民众聚集在教士讲台下，他登上讲台，讲述了花剌子模国违背和约，杀死商队商人和官吏，污辱蒙古民族和他起兵复仇之事。他说："长生天生我这个拿着鞭子的牧人；你们得罪了我，就是得罪了上天，上天命我来惩罚你们！"他命所有富贵户拿出财物来慰劳大军，以此赎罪。

接着，铁木真率领的大军又连续攻下了花剌子模国的蒲华城（今乌兹别克的布哈拉）、寻思干城（乌兹

别克的撒马尔军）等城。蒙古的另几路大军也在进攻花剌子模国其他城池。

窝阔台率军攻打兀笼格赤城，经过十余天的激战攻进了城内，把城中财物洗劫一空后，把技师、工匠押回国内做工，把妇女、孩童罚做奴隶，其余人则活埋。最后他们又扒开阿母河大堤，引水灌城。兀笼格赤城变成了一片汪洋，躲在死尸堆里和地道里的人，也都被活活淹死。

拖雷率军攻打马里城。在蒙古军队的猛烈攻击下，

←西征中的蒙古军队

马里城守将木勒克献城乞降。

蒙古大军进城后，大肆屠杀抢掠，还破坏了城市中的花剌子模国最大水坝——木尔加步堤。

马里曾经是个农业非常发达的城镇，以马里为中心的方圆百里地区被称为绿洲。但蒙古军为了报复，将它夷为平地，毁坏了所有的灌溉设施。马里的农业自此渐渐衰落，绿洲也荒芜了。

至1221年12月铁木真、术赤、察合台、窝阔台、拖雷四路大军攻下了花剌子模国十余座城池。花剌子模国大乱，一些军队首领、地方官吏、高级僧侣纷纷向蒙古兵投降。哲别、速不台紧紧追赶花剌子模国国王摩诃末。摩诃末逃到里海的一个岛上，不久，连惊带吓死在这个岛上。花剌子模国王一死，群龙无首，各地很快被征服。

这时，整个花剌子模国国土上最主要的反抗力量就剩下谟罕默德的儿子扎兰丁王子。铁木真得知扎兰丁正在呼罗珊，就命拖雷率大军前去攻打。拖雷大军赶到呼罗珊见扎兰丁沿着河沿垒起了10余里长的防护栏，河中密密麻麻的战船连在一起，5万大军沿岸防守。拖雷大军勇猛冲杀，扎兰丁大军被赶到船上。托雷又命用火箭射船，这些火箭射到船上引起熊熊大火，5万大军被拖雷用火烧死大半，逃上岸的都当了俘虏。

←蒙古军队征战西亚

扎兰丁带领数十骑杀开一条血路逃走。

　　扎兰丁逃到了巴里黑城，又召集起5万大军。成吉思汗得到这一消息后亲率大军去追杀。大军赶到巴里黑城后，扎兰丁带领大军离开了此城。守城军士打开城门投降。因扎兰丁在此集结过重兵，铁木真疑心他们不是真降。就下令将全城老幼全部杀死，然后放火烧城。

　　1221年4月，铁木真大军主力把扎兰丁追赶到忻

一代天骄　**成吉思汗**

都（今印度），扎兰丁孤注一掷，他把仅剩的3万人马在印度河边摆好阵式，要同蒙古大军决一死战。

　　两支大军在印度河边展开了激战。扎兰丁的人马终于寡不敌众被铁木真大军消灭，1万多人当了俘虏，2万多人被杀死，印度河水都被鲜血染成了红色。扎兰丁的妻子儿女都被俘虏。扎兰丁见大势已去，只身一人纵马跳进印度河。众军士要用乱箭射死扎兰丁，铁木真佩服他是个勇敢的敌人，传令不许放箭，要活捉扎兰丁。扎兰丁凭着他过人的水性游到河对岸逃跑了。

　　铁木真率领大军准备深入印度境内进行追击，可是印度道路险阻，气候炎热，蒙古军不能适应。于是，

→ 统一了蒙古各部族后的蒙古骑兵西征

就在印度的边境区域大肆掠夺一番后，撤出印度。

1222年，花剌子模国为蒙古大军所灭。至此，蒙古军占领了整个花剌子模和中亚。

铁木真率领大军对花剌子模的报复性征讨，使花剌子模人遭到了惨不忍睹的杀戮。这场征战使数十万的民众遭到屠杀，几十座城镇被毁，大片大片土地荒芜。

铁木真攻占了整个中亚，他感到他的双翼已经能够迎击任何狂风暴雨，自由自在地在广阔的天宇中翱翔了。他要无限地扩大他的疆域，他手中有蛮悍勇猛无敌于天下的几十万铁骑，他有威力无比的火器和先进的征战器械，他有一群英勇无敌且忠心耿耿的大将，他有广阔无垠的疆土，他有充足的财富和食粮，他要凭借这些征服世界，要实现少年时所发的誓言，统治全天下。

在西征的战争中，铁木真个人的勇敢机智和精通谋略战术的才能发展到了登峰造极的地步，再加上他的军队由于长期游牧生活所形成的特有的强壮体质、坚强的意志、高超的骑术、快捷灵活的机动性，使他的征服战争所向无敌。

他的征伐战争具有打破民族界线，扩大交通，促进民族融合和实现统一的积极意义。

一代天骄　**成吉思汗**

→蒙古军队征战欧洲

　　但由于，他在战争中屠杀了无数的平民、掳掠大量财物，毁坏无以计数的城郭和良田，给人民带来深重的灾难。因此，他横扫欧亚的大军也被历史上称之为"黄祸"。他的征伐战争又带有野蛮、残暴的历史局限性。

射雕英雄梦正圆

> 命运支配人们行动的一半，而把另一半交给人们自己。
> ——作者题记

在铁木真全力进行西征的时候，木华黎也频繁出击，不断地攻打金国，扩大蒙古国在中原的疆域。

铁木真拜木华黎为蒙古国师、封为鲁国王，并把征伐中原相托与他。木华黎为了报答铁木真知遇之恩，把全部心血都用在了扩展中原疆土的征战之中。

1219年，他派部将张柔率兵南征，一举攻克雄、易、保、安等30多个州县（今河北省）。随后，他又亲率大军攻下可岚、吉、绛等州（今山西省），以及大名府、开州（今河南省）、济南两府六州（今山东省）、鄌、坊等州（今陕西省）。

从1219年起至1223年的4年时间里，他攻占了金国的上百个城池，控制了河南、河北、山西、陕西、山东大部分地区，并在这些地区建立了地方管理组织，为日后蒙古统一中国奠定了基础。

一代天骄　成吉思汗

1223年3月，木华黎在闻喜病重，蒙古汗国在中原的将领们和木华黎的弟弟带孙都围在他的病榻前。木华黎对他的弟弟说："我为国家大业征战40年，没有什么可遗憾的，只是金国都城汴京没有攻下于心不甘。这件事只有交给你去完成了。"说完，这位跟随铁木真征战了40年的开国元勋合上了双眼。他的弟弟带孙继续带领大军攻取金国的城池。

此时，铁木真的西征大军已经打进了欧洲。大将哲别、速不台率军攻进了钦察。钦察国王霍滩带领大军前来迎战。大将哲别一箭射死钦察国大将，接着率领大军冲入敌阵，一阵勇猛的战斗把钦察军杀死大半，剩下的钦察军大败而逃。霍滩逃到了俄罗斯，请求他的女婿哈力赤王穆斯提斯拉甫，帮他消灭蒙古大军。哈力赤王穆斯提斯拉甫能征善战，在俄罗斯被誉为常胜将

→元代商船

政治家卷　103

军。哈力赤王约各大公国的众王侯组成82000人的联军。

哲别、速不台闻听俄罗斯起兵，就派信使到联军大营下了战书，约定决战日期。哲别、速不台已经定好破敌之计。

←元代三界诸神街市图（局部）

俄罗斯联军分为南军、北军，哈力赤王同钦察王的军队组成北军。哈力赤王十分傲慢，根本就不把蒙古军放在眼里，他急于贪功，没有同南军商量就独自行动。他带领北军渡过帖尼博尔河向蒙古军冲杀过来。蒙古军败退。哈力赤王以为蒙古军队怕他，就紧追不舍，但追到喀勒吉河岸时，突然从两旁山后杀出两支大军。为首的两员大将正是哲别、速不台。3支大军一齐向哈力赤王冲杀过来。哈力赤王抖擞精神，迎战哲别、速不台，他带的北军也摆开阵式与蒙古大军厮杀起来。钦察军队曾被蒙古军杀得大败，他们深知蒙古兵的厉害，随北军行动时他们一直在队伍的最后面，再加上哈力赤王贪功心切，马跑得快，他们与哈力赤王的军队早拉开一段距离。当他们一见双方激战起来，刀光闪闪，战马嘶鸣，喊杀声震天时，也没弄清哈力赤王胜败，就向后败逃。他们这一逃，哈力赤军也不知发生了什么情况，顿时阵脚大乱。哲别、速不台趁机指挥大军将哈力赤王军队团团围住。哲别指挥军士放箭，蒙古军不仅马快刀狠，个个还都是神箭手，箭像飞蝗一样射向哈力赤军队。哈力赤身中数箭，掉下马来被乱军踏成肉酱。主帅落马，哈力赤军队更是乱成一团。这个在俄罗斯百战百胜的军队，转瞬之间都成了蒙古军士的刀下鬼，生还者寥寥无几。

→元代银质首饰盒图

哲别、速不台在消灭北军后，率领大军直扑俄罗斯联军南大营。此时，南军还不知北军已经失败，他们还在等待北军与他们一齐夹击蒙古军队呢。蒙古军队的突然出现，使他们大吃一惊，有的来不及上马就被蒙古军砍死。经过激战，南军伤亡大半，剩下的兵士仓皇逃命。13个王、侯，7万多兵士被蒙古兵杀死，俄罗斯各大公国的联军被彻底消灭。整个俄罗斯为之震惊，他们万没想到，靠打绳节传播命令、靠计算草的枯黄来推算年龄的落后的野蛮人，竟有如此巨大的战斗力。

这支野蛮军队对南俄进行了大扫荡，他们任意杀人、掠夺财物。

然后，他们又像闪电一样迅速地进入了克里米亚半岛、速答里和保加利亚，大肆掠夺烧杀后才退出这些地区。

哲别、速不台率领这支屡战屡胜的大军沿着巴尔喀什湖南岸返回中亚。

铁木真的各路大军陆陆续续回到了花剌子模国，他们满载掠夺来的大量财物，押着大批的俘虏。大军经过充分休整后，班师返回蒙古。在回师的路上，康里国国王亲率众大臣出城迎接，并归降蒙古汗国。

至此，从1219年至1225年6年的西征结束。铁木

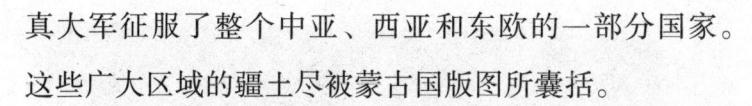

真大军征服了整个中亚、西亚和东欧的一部分国家。这些广大区域的疆土尽被蒙古国版图所囊括。

西征结束后,铁木真把新占领的地区分封给他的3个儿子作为世袭领地。

长子术赤封于花剌子模和康里故地,建都萨来,称"钦察汗国";次子察合台封于西辽和畏兀故地,建都阿力麻里,称"察合台汗国";三子窝阔台封于乃蛮故地,建都叶穆尔,称"窝阔台汗国"。蒙古有幼子守产的习俗,所以四子拖雷在铁木真死后,可以领有蒙古国本土而暂不封侯。

铁木真把3个儿子留在封国内,自己和四子拖雷率领大军回到蒙古汗国。

离开大漠整整6年了,从终日厮杀征战的疆场回到了"天苍苍,野茫茫,风吹草低见牛羊"的美丽大草原,使铁木真觉得这里的山水、草木格外亲切。他骑在战马上眺望四周,看到这绿油油的青草地,清澈的鄂嫩河水,蘑菇般的毡帐,不禁感慨万千。他就是从这一个个毡帐聚在一起的小小部落起家,如今已创立起了一个地域横跨欧亚大陆的大蒙古国。他已成为一只羽翼丰满的大雕,可以展开双翅任意地在广阔天宇里自由翱翔。

可是,此时的铁木真并没有满足感,却增添了许

← 蒙古王公大帐内

多忧虑。缺乏经验的孩子们使他放心不下，他担心他们缺乏治国安邦的韬略，更担心他们手中的江山被人夺走。

他回到大漠的这些日子里，他经常把博儿术召到身边，嘱咐地说："你与木华黎二人总是把那值得去做的事，来帮助我实行；又把不可行的事，力劝我不做，所以我才有今天的地位啊。如果将来我归天后，你要像当年辅佐我一样，去帮助窝阔台他们。"

博儿术诚恳地说："大汗，你放心吧，臣定会竭尽全力辅佐窝阔台兄弟们的。"

在铁木真的晚年里，他最喜爱幼子拖雷，把自己的用兵策略告诉他,教他待人接物要持重大度。

他对拖雷说:"你要记住,凡是去长者那里,举止要稳重,不可轻浮。在长者没开口之前,不要老抢着发表自己的意见。说任何话,考虑清楚再说,因为话一出口就收不回来了。"

拖雷把父亲的话一一铭记在心。

铁木真难得过大漠上的平静生活,他想多休息些日子,还准备再去射一次大雕。可是就在此时传来夏国违背同蒙古国的和约,而与金国缔约结盟的消息。于是铁木真又跨上战马,率领大军开始了对西夏的征伐。

原来,铁木真在西征前,曾派使臣向西夏征兵。蒙古国使臣向西夏神宗李遵顼传达铁木真的口谕:"如今花剌子模人杀死了我的使臣,我要去与他们理论。你可以做我的右手。"

西夏国大臣们认为铁木真正全力西征,无暇顾及西夏,便都极力主张拒绝。大臣阿沙甘布竟然还嘲讽地对蒙古国来使说:"大汗既然力气不够,何必要做大帝呢?"

铁木真得知西夏拒绝出兵助战,当时就发誓要铲平西夏。但由于要集中力量征服西域,他始终没有对西夏讨伐。现在,西夏竟然又违背当初蒙夏和约与金国结盟，铁木真感到该是灭掉西夏的时候了。

1226年秋，铁木真亲自率领大军南下，很快攻入西夏。蒙古军迅速占领了甘州、西凉等地。在进攻肃州时。由于西夏守军奋勇抵抗，蒙古军围攻了很长时间才把它攻克。

入城后，铁木真下令屠城，全城民众只有106户幸免。这年冬天，铁木真在打猎时从马上摔下来受了伤，博儿术和托雷等人劝他回国养伤，但被他拒绝了。

蒙古军经过西域战争的考验，战斗力更强大了。尽管西夏军队作战勇猛顽强，终究不是久经沙场的蒙古铁骑的对手。1226年11月，蒙古大军先锋兵临灵州城下。

西夏著名将领嵬名令公率领50营西夏兵前来增援，与灵州守军会合后，同蒙古军展开决

←得胜的蒙古将士

战。

激战在灵州城外平地上进行。铁木真虽然受了伤，但依然坚持亲自在阵前督战。

嵬名令公是西夏名将，有勇有谋。自从上次曾被蒙古兵困在山谷之中后，他就誓报此仇。他的兵士训练有素，作战勇猛，他又擅长阵法，所以蒙古军迟迟不能取胜。

这一日，双方激战，博儿术立在铁木真身旁观阵。只见西夏兵阵容严整，变化无穷。蒙古兵在敌阵中左右冲杀，不但不能破阵，反而死伤惨重。铁木真见自己的兵士成批成批地倒下，心急如焚，他大喝一声，要亲自冲入敌阵，被博儿术死死拉住马缰。

此时，博儿术发现了西夏军中的嵬名令公。只见他身边有几个拿令旗的将领，战阵随着令旗的摆动而变化。博儿术看得真切，手提大刀飞马冲入敌阵，直奔嵬名令公。他砍翻了前来拦挡的几名大将后，摘下强弓，取出利箭，望嵬名令公射去。他的强弓速度极快，使嵬名令公来不及防备，一箭正中嵬名令公咽喉！西夏兵见主帅落马顿时大乱。蒙古大军趁势一齐掩杀。西夏50营大军被消灭大半。蒙古大军乘胜又攻占了灵州，并继续推进，包围了西夏都城中兴府。

西夏早已调集各地兵马守卫中兴府。由于兵力强，城池坚固，蒙古大军攻城一月有余，还是一筹莫展。

铁木真见不能在短时期内攻下中兴府，就把大军分成两路，博儿术带一路继续攻城，他亲率一路去攻打金、夏两国的边城。

此时，西夏的宫廷上乱成一团。主战派与主和派吵得不可开交。

以阿沙甘布为首的强硬派害怕投降后被铁木真杀害，便不顾一切地主张死守。他们暂时占了上风，但局势却越来越糟。

他们虽然彼此争吵不休，但心里都明白，大夏国

苏勒德意为徽标，代表战神，象征成吉思汗。广场周围雕有开国功臣塑像。

是保不住了。

铁木真率领大军攻破了金、夏两国的几座城池后，因身体不适，不得不到六盘山去养病。

他把耶律楚材召到行宫。

"如果我不在了，察合台和窝阔台会不会为争汗位而发生内讧呢？"他望着耶律楚材问，这是他一直担心的问题。

"我想会的。要想避免事情的发生，唯一的办法是指定一个汗位继承人。"耶律楚材回答道。接着，他向大汗提议为了国家社稷着想，要选能力强的一个继承汗位。

铁木真说："我最喜欢拖雷；但窝阔台智勇兼备，继承汗位更合适一些。"于是，他把窝阔台托付给耶律楚材。

1227年7月，铁木真在清水行宫，正式宣布立窝阔台为大汗继承人。

此时，博儿术攻破了中兴府外城，西夏主李睍打消了继续抵抗的念头，派使臣向博儿术乞降，只要求宽限1个月再献城。博儿术征得铁木真的同意，率大军退到西江。西夏虽然还有一个月的寿命，实际上已经名存实亡了。

西江，铁木真的行宫里，跟随铁木真征夏的将领

大臣们都聚集在此，刚刚赶到的窝阔台跪在铁木真病榻前。

宫里一片寂静，众人都在恭听铁木真最后的遗嘱。

"我死后，消息切不可泄露出去，等那西夏主出来投降，立即杀掉，并诛灭九族。"

说完这最后一句话，铁木真闭上了眼睛。公元1227年7月，铁木真病死在甘肃六盘山下清水县，终年66岁。

铁木真逝世两天后，西夏主李睍开城出降。博儿术按照铁木真的命令将他处死，夷灭九族。建国189年的西夏，至此灭亡。

窝阔台率领大军返回蒙古国本土，铁木真灵柩也在军中。虽然秘不发丧，但金国的坐探已得知这一惊

←成吉思汗陵雕像

一代天骄　**成吉思汗**

→成吉思汗陵

人消息，立即报告金哀宗。哀宗下令停止修建防备蒙古军进攻的工事。

蒙古军为了保守秘密，一路上见人就杀，直到进了大草原才换上丧服举哀。

草原上的百姓听说大汗去世了，无不扶老携幼出帐迎接铁木真遗体。因为他一直是人们心中的大英雄。

拖雷更是痛哭失声。他太依赖父亲，在心理上他还是个孩子，一个父亲怀里永远长不大的小儿子。

灵柩载着成吉思汗最后一次穿越草原。这里是他无数次拼杀、运筹帷幄的战场。沙土上洒着他的汗水、泪水和鲜血，数不尽的士兵在这里倒下去，被荒草和沙丘埋没。如今，连他也要长眠于此了。

葬礼在窝阔台主持下隆重举行，数不清的珍宝和牲畜殉葬品，同铁木真遗体一起下葬。因为窝阔台命人修建了9座同样的陵墓，所以至今人们也不知道铁木真究竟被葬在何处。

按照铁木真遗命，拖雷担任监国一年。1229年，窝阔台正式即汗位。又过了几年，窝阔台依照父亲早

政治家卷　115

以订好的策略，向宋朝借路而一举灭掉了金国。

最后，铁木真的子孙统一了中国，建立了元朝。铁木真被称为元太祖。

成吉思汗作为一位卓越的政治家、军事家和杰出的民族领袖，堪称一代天骄。他的伟业整整影响了数代人，不仅载入中国史册，也载入了世界史册。

← 成吉思汗陵